U0903176

献给你

愿这本书能让你在轻松阅读中

感受到喜乐和启示

献给你们

我亲爱的孩子们

家庭教育日记

李艳丽 著

二姨和她的五个孩子

Diary of Family Education
——Maternal Aunt and
Her Five Children

沈阳出版社

图书在版编目（CIP）数据

家庭教育日记：二姨和她的五个孩子 / 李艳丽著.
— 沈阳 ：沈阳出版社，2014.7
ISBN 978-7-5441-6052-0

I. ①家… II. ①李… III. ①家庭教育 IV. ①G78

中国版本图书馆CIP数据核字（2014）第160777号

家庭教育日记

出 版 者：沈阳出版社
（地址：沈阳市沈河区南翰林路10号 邮编：110011）
网　　址：http://www.sycbs.com
印 刷 者：大连海大印刷有限公司
发 行 者：沈阳出版社
幅面尺寸：167mm×235mm
印　　张：13.25
字　　数：150千字
印　　数：1—10000册
出版时间：2014年9月第1版
印刷时间：2014年9月第1次印刷
责任编辑：李珊珊　鲁　微
封面设计：李新飞
版式设计：创意广告
责任校对：一　泉
责任监印：杨　旭

书　　号：ISBN 978-7-5441-6052-0
定　　价：38.00元

联系电话：024-24112447
E - mail：sy24112447@163.com

凡购本书，如有缺页、倒页、脱页，请与本社联系调换。

序1

“我有5个孩子”这几个字怦然让我抬起头，想看看是谁在这个年头有5个孩子？

就是这几个字让我进入了艳丽的生活世界。身为亲子教育讲师的我，从好奇、问号、敬佩到更想细致地探索她是如何与5个孩子共同成长的点点滴滴。

感谢艳丽飞快地邮递她亲手完成的日记手札，我一夜浸淫在《家庭教育日记——二姨和她的五个孩子》这本书中：从2000年到2014年，走过14年的时间；从日本东京到祖国大连，跨越1642公里的距离。随着几个孩子们离开了生活的地方回到自己的国家，一个“全新的家庭”从此诞生。在这些逝去的流年里，从一个孩子的母亲到五个孩子的二姨，艳丽就像园丁一样用爱浇灌着花儿一般的孩子们。

《家庭教育日记——二姨和她的五个孩子》这本书不光是记录孩子成长的心路历程，更是在现在家庭模式中少有的一个母亲角色与多个孩子的故事。小刚、小志、阳阳、克克、美奈，五个孩子鲜活的面容和生动的事迹从字里行间蹦了出来。

“没有爱就没有教育。”教育者的态度决定受教育者的幸福指数。这本书里充满了二姨对五个孩子的满满爱意。孩子们有着远离父母的苦处，但是他们却是幸福的。当克克遇到感觉统合能力严重失调时，二姨每天坚持带着他做语言治疗，在散步的路上不停地教他一字一音地反复练习，带他做感统失调训练，在户外尽情地陪他运动。孩子们因为不适应中国的生活，二姨会在清晨带着孩子开始锻炼，让足球教练教他们踢足球。我内心呐喊，如果克克没有二姨，他的人生会是什么颜色。

14年的时光，我看到了艳丽二姨用爱心关怀孩子，用爱心包容孩子，用行动陪伴孩子，用行动感染孩子！这个最从容、最平凡的母爱正是家庭教育之本。这些爱、这些历程对孩子一生的成长至关重要。这个六口之家就是二姨静心培育的小花园，而二姨就像园丁一样倾注着对每朵小花的心血。

2014年，二姨走上了实践菁英千名导师的舞台，在上课的时候，她一再被要求和在场的学员们分享她与五个孩子之间发生的故事。她不是个喜欢当众讲话的人，但为实现在与孩子克克的一次对话中承诺去做一名讲师的挑战，才有了实践菁英与之结缘的契机。从那一刻开始，她从一名家庭老师的角色一步步向教育讲师转变。

这种变化是让人欣喜的，就像“青少年千名导师发展计划”的梦想，培养1000名青少年导师，去影响10000个家庭。我们常无法把一本书看完，但《家庭教育日记——二姨和她的五个孩子》却让我在许多情绪中一夜间读完。我相信二姨李艳丽会带着自己的理念、观点、方法和经验，用真挚的爱慢慢地感染更多的孩子，让这些文字润物细无声，像花儿一样静静地盛开在你心灵最温暖的角落里。

如果你是为人母抑或为人父，让我们共同在这本家庭教育日记中，找到父母教养的方向及与孩子共同计划的未来蓝图。

陈榕儿[①]

2014年5月16日

① 陈榕儿，实践菁英父母学院院长。

序2

拜读《家庭教育日记》书稿后，很受感动和启发。作为该书的第一读者，我深深地被作者教育孩子的理念、观点、方式、方法所吸引，所折服。作者采用的是引导式、启发式、讨论式、自立式的教育方式，让孩童自己认知自己的对错，学会如何做人，如何善待和关爱别人，以及怎样做一个对社会有贡献的人，使之能正确地树立世界观和人生观。这样的教育方法能使孩子、青少年适应未来的社会发展、工作需要，对家庭生活无疑也大有益处。

这是值得一读的好书。全书语言平实，字里行间充溢着爱与亲切感，避免了灌注式、强迫式、打骂式的教育方法，清除了家长与孩子间的沟通障碍。该书体现的教育理念对孩童的健康成长大有益处。

相信从事教育工作的人们，已为人父母的年轻家长和即将结婚生子的年轻人，定会从这本书中受到启迪，少走弯路，少些烦恼和担心，收获孩子健康成长的快乐和舒心。

康永保①

2014年5月25日

① 康永保，1972年12月入伍。1974年6月入党，历任战士、班长、排长、副指导员、指导员、参谋、秘书。帮曾思玉老将军整理出版了《八年抗战》《烽火岁月》《名将曾思玉》《曾思玉历险记》等。整理的《突破日寇铁壁合围》文章收入《烽火忆抗战》一书，受最高荣誉奖等。

前 言

2000年8月28日，我带着四个孩子（后来又加入一个小女孩）从日本东京来到中国大连，开始了我们“移民家庭”的生活。

那年我37岁，最大的外甥女——阳阳11岁，外甥——小刚5岁，侄儿——克克4岁，儿子——小志1岁。当时我中文讲得像外国人说中文，常常请求讲话的对方“请您再说一遍”，“请您再慢一点说”。孩子们除了阳阳会中文外，其他三个男孩都不会中文。

语言交流的障碍，陌生的生活环境，完全不同的饮食习惯，衣、食、住、行……一切对我们来说都将是挑战。

最大的困难是，我一下有了四个活蹦乱跳的孩子。在全新的环境下，孩子的天性使然，又产生了一大堆的问题和麻烦。不懂中文，看不懂电视，无所事事，就会淘气、捣蛋。我一劝阻，三个男孩儿就到处逃窜着骂我：“ ba ka，ba ka（笨蛋，笨蛋）……”像唱歌似的。

记得有一天，我被他们吵得快昏倒了，又气又急，情急之下，我开始去抓最大的男孩儿小刚，小腿碰到床脚，也顾不上疼痛。小刚在床与床之间机灵地逃窜，两个小的欢呼雀跃地跟着又喊又叫。我好不容易抓住小刚，一把把他按到床上，抓起拖鞋狠狠地打他的屁股，边打边问："还敢不敢这样骂我？"他一再求饶。我把阳阳也叫进来，把小刚按坐在床边说："坐这儿别动，看看我的腿。"提起裤脚，小腿骨中部血肉模糊，血染红了袜子。

阳阳都快哭了，问："怎么办？二姨！"

"没事，我去洗一下。你帮我找两个创可贴来。"我一脸无所谓地吩咐道。

等我处置完伤口返回来时，两个男孩儿都在流泪。小志百无聊赖地在床上滚来滚去。

克克带着哭腔说："我想回日本，我想妈妈。"

我想挨打的小刚也会这么说，于是就对阳阳说："把游戏机先给弟弟们吧，你带他们去玩，我去准备饭。”

孩子们安静下来了，我偶尔能听到小志的笑声。但我却只想哭，可是不能！我已经走上了这条路，我不能走回头路。我是那射出的箭……

到今天，14年过去了。

老大，外甥女——阳阳，瑞士国际酒店管理学院毕业，在东京柏悦酒店实习后，现在在马尔代夫工作。

老二，最大的男孩儿，外甥——小刚，现就读于北京大学。

老三，侄儿——克克，现读高二。

老四，儿子——小志，现读初中二年级。

老五，最小的女孩儿（朋友的女儿）——美奈，现读初中二年级。

孩子们都长大了，可以放手了，我偶尔会感到无所事事。正好2010年春天，朋友装修好了宾馆，出国手续也下来了，我应他之邀接手经营宾馆。我喜欢这个职业，用电影《瑞典女王》的话说，“这是个有意思的职业，只要打扫干净客房，等着全世界的客人来住就行了。”

有一天，现在正读高二的克克突然不去上学，向我提出转学回日本。别说高二转学回日本，就是在国内也不是时候。我坐在他的床边，平心静气地讲了一个又一个道理，克克安静地听完，说："二姨，你去演讲吧！你看你从早上五点说到七点，两个小时过去了，我都没睡着，我觉得你口才挺不错的。"

熟悉我的人都知道我不喜欢当众讲话，哪怕在酒桌上，我宁肯喝醉钻到桌子底下，也不愿说半句酒话。但我知道他的意思，他认为我不可能接受。

"如果我去参加讲师培训，去当讲师，那么你也要接受我的建议，在国内把高中读完。"

"是这样的。"他说得很肯定。但他只知道了我的弱点，却不知道我的长项，我从不畏惧挑战。

我接受了挑战，开始参加讲师培训课程，并想成为青少年教育及家庭教育方向的讲师。每次登台演讲，我都讲我和孩子们之间的故事，受到一致好评，他们期待听到更多……这鼓舞我写这本书。

我从14年的日记里挑选出记录孩子们成长的故事，以及我的教育方法，编辑成书。

目　录

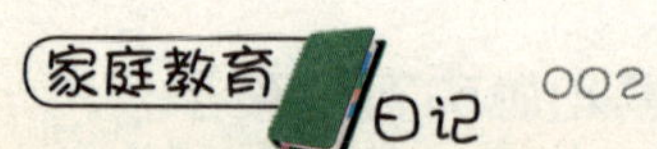
家庭教育
日记

感 谢

感谢在我生命中出现的每一个有缘相识、相知、相惜的人；

每一个理解、支持、帮助我的人；

每一个给我智慧，教导我、启发我的人。

感谢亲爱的阳阳：

我的外甥女，第一个叫我二姨的人。你常常向我抱怨："为什么给我起这么一个'好叫'的名字？不论大小都叫我'阳阳'，我们家都整天能听到'阳阳''阳阳'的……"终于有一天，克克在学游泳时落进水里，大声喊："阳阳——姐姐——救命——"这让你高兴、得意了好几天。

你有一个"说谎"的毛病。开始发现时，我想：人总会为了什么目的而说谎话，而你有时却毫无目的地否定事实。为此我花费了不少心思，买了不少的书，不看内容，只看目录，只要有改正"说谎"的书我就买。后来我发现你经常不加思索地"说谎"。例如你刚放下碗筷，我问："阳阳你吃饭了吗？"你顺口就来："没吃。"到现在我都没搞明白，为什么小孩子在某个时期会有这样的现象呢？

当你长大离开我以后，我们闲聊旧事，共创了"移民家庭"这个词。你是这个"移民家庭"中最大的女孩，也是一个善良的，像男孩一样大大咧咧的女孩。

你也不过比小志大10岁，我每每忆起你忙活着，像个小妈妈似地给小志喂饭，我就情不自禁地笑在脸上，爱在心里。感念有你在身边的日子，感谢你使我人生中有温馨美好的记忆。有你真好！

大学入学前，在家过19岁生日的阳阳

感谢亲爱的小刚：

你从一出生就在我身边长大，有朋友说：“你是一个头发尖都透着机灵、聪明的男孩儿。”在学习上，你从未让我操过心，但在生活中你却没少给我添乱。在带你的过程中，我开始认识到家长得学会和孩子斗智斗勇。

我折服于你的自我管理能力。你初中的老师跟我说过：“当了近30年的老师，没见过这么‘油’的学生，各科成绩全部保证在80分，79分时就是黄灯亮了，就该努力了。”你用各科都不低于80分的成绩，换得你自由支配业余时间的权利去踢足球，高三还去国外参加机器人竞赛……

我一直记得你和我拿着中考成绩单，我坚持让你选择大连市第二十四中学，你却坚持选择第八中学。你的理由是：“我不是把全部的时间精力都用于读书的人，如果家长们非坚持让我上第二十四中学，我会证明你们错了！如果你们支持我去第八中学，我会证明给你们看，我是对的！还有，是我读高中而不是你们家长，我希望你们家长支持我的决定。”

“好吧，证明你是对的！给我看”，我觉得没有理由不接受你的决定。

我和你一起成长，一起分享快乐，一起分担烦恼……这些组成了我们人生中最美好的回忆。我以你为荣！

在海边玩耍的小刚

感谢亲爱的克克：

我的侄儿，但不叫我姑姑，却也叫我“二姨”。你认我为姑姑的一次，让我感动，但我更喜欢你叫我“二姨”。

你4岁多就离开爸爸妈妈，跟我来到中国。至今14年过去了，我心里一直有一个“秘密”没有告诉任何人。

刚来中国，我们住在民航大连疗养院，我们把几张床拼成一个大铺，我睡在正中间，你们分睡两边。每晚睡前你们都听我读书，抢挨着我的位置，这也是你们一到睡觉时间就争先恐后抢着上床的原因。

小志刚1岁，会得到一点关照，剩下一个挨着我的位置总是被大你9个月的哥哥抢占。你虽很失望，但并不接受我的调解，总是让着哥哥。你虽在我的读书过程中睡着，但可爱的小脸上仍浮着一丝丝的孤独，让我看着心痛。到如今，每当我想起时都会难过，不能释怀。如果时光倒流，真希望我能像捧着手中的书一样，双手把你捧在胸前。

我疼爱你，因为在我眼里你像天使般的善良！

写作业的克克

感谢亲爱的小志：

叫我“二姨”的儿子，你刚好1周岁，跟我来到中国，开始了“移民家庭”的生活。因为我是你表姐、表哥的“二姨”，不记得从什么时候开始，你也叫我“二姨”了。

有一次，我去幼儿园接你，你看到我后，边对老师说“二姨来接我了”，边往外跑。新老师追上你，拉住你的手问：“不是妈妈接吗？”你又很认真地说：“嗯，也是妈妈。”我向老师解释，这还真不容易。

你是“移民家庭”中的老四，是个添乱子的、可爱的男孩儿，是我的儿子，但不叫我妈妈。

三姨不解地说：“怎么能这样？”我说：“真的假不了，假的真不了。”有你真好，更好的是，你是我的儿子！

户外玩耍的小志

感谢亲爱的美奈：

一是为了你的期待。我一直记得你走时的期待："二姨，快点写（这本书），我想看看自己是个什么样。"二是为了还你一个永远的"拥抱"。你离开家时默默无语，我也是，但我内心压抑着无数次的冲动，我真想上前拥抱你。可我不是真情外露的人，你也是。我怕拥你在怀的瞬间我会流泪，而你更难走！欠你的这个拥抱，让我久久不能释怀，但愿这本书能让我释怀。

我知道，离开我们的"移民家庭"不是你所愿，你没哭、没闹，但你却关闭了你的心扉，老是默默地躲在角落里，老实得像一个悲哀的布娃娃，我看了很难过。

我始终记得你唯一落泪的一次：那天我从开发区赶回来，抱着新买的一双鞋，兴冲冲地走进你和阳阳的卧室。当时，你们两个女孩子正坐在床上，好像在说知心话。

我不合时宜地说："你们两个再不能一起陪我逛街了。"我话音刚落，坐在床正中的你眼泪瞬间涌下来。

在我还不知所措时，你已抹掉眼泪，利落地蹦下床，说："二姨，我等你最后一次教我装行李箱。"你低下头，蹲在自己的小行李箱边。你的话却让我的眼泪掉下来，我们谁也不敢对视。

阳阳也快流泪了，说："我永远也学不会二姨装的旅行箱，尤其是衣服，一经二姨的手，衣服也都服服帖帖地听话似的，一个多余的褶都没有，拿出来就能穿。"

美奈说："我相信这是二姨最后一次帮我装行李箱了，我必须学会。"

我说："我帮你拿东西，你挑你要装的。"

装了一会儿，美奈说："二姨，我挑东西，你装箱。我想看你帮我装箱。"我接受了，很乐意给我们可爱的、长大了的美奈装行李箱。

在我们的“移民家庭”中，你算老五，是最小的一个。在我的人生中，我们共度了4年时光。你是一个聪明、有故事的女孩儿。我们已经存在于彼此的生命中，我喜欢有你的日子。有你真好！

在乡下玩的美奈

2000年9月9日　星期六

嬉闹中的小志和阳阳

从东京来到大连

2000年8月28日，我和四个孩子在阳阳妈妈、克克妈妈的陪同下，从日本东京来到大连。经朋友介绍，住进民航大连疗养院。

刚来中国，我因水土不服，病得爬不起来。在民航大连疗养院看房子时，克克妈妈扶着我，进到长时间封闭的客房，因霉味太重，我顿时头晕、呕吐，克克妈妈赶紧把我带到户外，我无力地躺在楼前通往车场的、被太阳晒得暖暖的台阶上。

看着虚弱难过的我，克克妈妈哭着说："姐，你身体不好，我们回去吧。你不能一个人带四个孩子留在中国，我们不放心。"

我说："没事的，我只是水土不服，肠胃不好。"

她们一直陪着我，等我身体痊愈，稳定下来，才回东京。

民航大连疗养院，坐落在大连付家庄海滨，我们住在最前排南向临海的二楼客房，三室一厨一卫，窗前是花坛，走下十几级台阶是平坦、宽敞的停车场，很少有车停在这里，这儿几乎成了孩子们专属的游乐场。

车场下面沿台阶往下便是绿化带和滨海路，顺着台阶再往前行，就可到达沙滩和岩石的海岸。这片海岸，给了我们无穷的乐趣。每天早上我们都会在此沐浴两个小时的晨光，捡上二斤花蚬子，或抓几条搁浅的小鱼、虾爬子以及好大的海蜇，回到疗养院，土生土长的大连人于阿姨，能够做出一顿美味的海鲜餐。

海边玩耍的小刚和克克

玩耍中的小志

2001年7月8日 星期日

安 家

在中国生活了半年之后，放寒假了，我们又回到了日本东京。

这次我们所有家长决定，在中国买房子。这个决定让我们第二次来中国像搬家一样，为了能带更多的东西，我们尝试着坐船。从东京乘坐高铁到大阪，从大阪乘船到天津，从天津再乘船到大连。行李多得就甭提了。最难忘的是在海上经历了十级风浪，一开始我担心船会抛锚，但听船长的口气，这样的风浪根本不至于停航。

买房，孩子们的意见是要靠近海边，我认为只要大环境好就行。我们又有这么多可亲可爱的家庭成员，买个可心的房子，我们一定能共建一个可爱的家。这是一个美好的愿景。我开始沿海边找房子，房子找到了，同时也吓了我一跳：水泥的清水房！？好吧，有房子就不愁装修，赶着往前走吧……

7月8日，小志在新家过了第一个生日。

从此我们在大连有了自己的家。这是一个有特殊意义的家：二姨是家长，还有四个孩子（2006年美奈又加入进来）。这是我和五个孩子组成的“移民家庭”，在这个新家里开始了我们全新的生活。

小志在新家过了第一个生日

2001年8月2日　星期四

读　书

孩子们在不识字时就听我读书；大一些了分房间单独住时，每人配一台录音机，每晚睡前听有声文学；识字了就开始自己读书；有感兴趣的书，孩子们会边读边录制成磁带，然后听自己读录的书。

在读书的基础上，我们开展了“月读书竞赛”活动。每月统计出孩子们读书的数量，定期举办读书讲故事会，通过读书讲故事就可以对孩子们的读书质量做出测评，从而评出一、二、三名，并分别给予书籍、学习文具的奖励。

为了激励孩子们读书，我还在墙上贴了一张读书竞赛表，每个孩子读完一本书，就在读书竞赛表上贴一个粘贴。五颜六色的粘贴，代表着孩子们的读书数量，也唤起了孩子们的读书兴趣。

读书、听有声文学，深深地影响着孩子们，他们会把生活中的人物与书中的人物对号，引发他们对现实生活中一些事情的思考。孩子们会写出优秀的作文，文章用词准确、生动，他们还会借用书中的某句话，概括、总结生活中的感悟。重要的是文字进入大脑，会让孩子们去想象，而不同于电视影像，进入孩子大脑固化了孩子的想象……最最重要的是能够培养终生的读书习惯。

（追记）2012年7月3日　星期二

朋友的一个学龄前的男孩儿从小就有听妈妈读书、听有声文学的习惯。今天，他跟妈妈来我家玩。我准备了水果、点心、果汁给他。他坐在我右手侧，我和他妈妈隔着餐桌面对面地坐下来喝茶聊天。

我发现她妈妈气色不好，便问：“没睡好吗？”

“不是，因为他哥哥。”因为孩子在场，她妈妈到嘴边的话止住了。

正在吃东西的男孩儿接话说：“我长大了，也要写一个《童年》。”我们两个女人大吃一惊。

小刚在给小志读书

他根本不理会地边吃边说："今天早上，我看哥哥跟姥爷吵架。我觉得我哥哥就像《童年》里的舅舅，总是和姥爷吵架，我不喜欢他们！"

当时，我和朋友都惊呆了。

我愣了一下，"那谁是姥姥？"

男孩儿头不抬眼不睁地说："妈妈。"

（追记）2014年4月6日　星期日

睡前听有声文学的习惯一直延续至今，以至于成了我如同刷牙一样的习惯。

上床前，我就按下播放键，进入我头脑的世界名著、诗歌、励志讲座……中止了我大脑一天的各种想法，随即浮现在大脑中的是：陪好兵帅克去折磨卢卡什中尉；随哈姆雷特智斗那些阴谋；听泰戈尔、普希金的诗歌，在心里跟着朗诵出《园丁集》和《致大海》，直到我被带入梦乡……如果我在睡眠中醒来，就再次按下播放键，这个键就像我自己身体的一部分，在黑暗中我能准确无误地伸手触及。

我的孩子们也知道我的习惯，最后一个离开我房间的人，也会随手帮我按下播放键，再道"晚安"。

一个随身听、几盒磁带、一两本书已是我出行的一部分，现在我还把有些有声文学都下载到手机中，方便是方便了，但我更喜欢老方法，孩子们也争着带上自己喜欢的——美奈的《秘密花园》、小志的《金银岛》，百听不厌。

左起：读书比赛中不如意的小刚与得意的克克和阳阳

2001年12月10日　星期一

小足球队

晨练中的小足球队（左起：教练、阳阳、克克、小刚、琦策……）

刚来中国，孩子们很不适应，老是生病。思前想后，我想还得从增强孩子们的体质开始。

小刚上小学一年级时，我认识了一位足球教练，请他每天早5：00到6：30来我住的小区给我和孩子们上足球课。10月初，正式开始足球训练。

渐渐地小区的同龄孩子也加入进来，像一个小足球队了。不论寒暑，我们都乐在其中。冬天天短，早5：00天还没亮，小区为方便我们踢球，把园区内的灯开亮。其他季节，在海边的自然博物馆的广场上踢球。

在家里，我像连队带兵一样带孩子们。早上4：45，我推开每个孩子的房

小足球队队员合影（后排左起：阳阳、小刚、克克，前排小志）

晨光中练球的克克和小刚

门，然后到客厅用最大音量播放部队起床的小号曲。10分钟内孩子们穿戴整齐，洗漱完毕。然后，背上一大网袋足球冲出家门。5：00准时在海边广场列队集合，教练开始上足球课。

我们每天迎接海上日出，在晨光中，孩子们充满生机，沐浴着初升的太阳。我仿佛能看到他们在汲取朝阳的能量茁壮成长。

得过两次肺结核，做过卵巢癌手术的我，气喘吁吁地跟着他们一起上足球课。起初，一场足球训练下来，一整天都爬不起来，但不到三年的时间，孩子们身体强壮了，我也恢复了健康，甚至忘了自己曾得过病。

记得一个周末的早晨，小区的“家长队”对战我们的“小足球队”。阳阳一脚射门，正中太郎爸爸的小腿，痛得他单腿独立，抱着中球的腿在地上转着圈直蹦，口中抱怨：“二姨，你怎么把孩子们养得一个个跟小坦克似的。”逗得我又好笑，又得意……

我们的“小足球队”小有名气了，也是早晨海边的一道风景。最初我带孩子们踢足球的目的百分之百地达到了，孩子们体格强壮，冬天不用穿冬衣，只能用“糊度春秋”来形容。冬天零下十来度的气温，也只是一条单裤。一年当中，谁觉得嗓子不爽，我给发一支双黄连，喝了就没事了。我现在已是“神医”了，手到病除。

（追记）2014年4月10日　星期四

小刚长大后后悔没有再坚持踢足球，无法成为职业球员。但三年的训练，使他掌握了足球的技能和扎实的基本功，成为不错的业余足球爱好者。不论是高中还是大学校园的足球场上，都能见到他的身影。

练球的小志

2002年3月5日　星期二

画　墙

小志从小爱画画，到处留下“杰作”，所以我在我们家走廊的两面墙上，贴满了100厘米长、80厘米宽的大白纸，两面加起来贴着十来张大白纸，地上放着各种画笔。谁有灵感谁就去作画，孩子们画满了两面墙的白纸，就换下来，再换上新的，好的作品保留下来。

（追记）2008年11月26日　星期三

看过小志画的人，都认为他有画画的天分，家长岂敢埋没人才。我开始找各种学画画的班，但每个班都上不完一堂课。把老师请到家里想画什么教什么，到最后变成想干什么就干什么了。朋友开了所美术学校，他去了，今天画漫画书上的人物，明天画动物，没一个月，他便不再去了。

（追记）2012年6月3日　星期日

朋友为了教育4岁的小儿子节约用水，用“世界上最后一滴水，就是人的眼泪”为内容，请孩子们帮忙作一幅画，这张小画要让小孩儿一看就懂。

小志画了一幅小画，小画的线条简单，很有创意，引人深思。这幅画分别贴在朋友儿子所在的幼儿园，朋友家以及我们家提示节约用水的地方。

世界上最后一滴水
就是人的眼泪

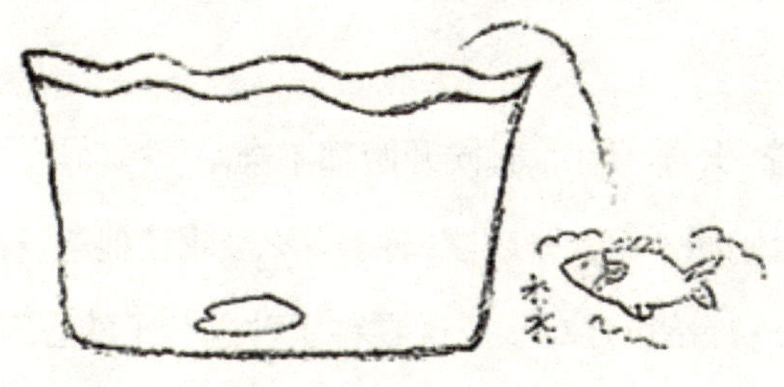

请节约用水！

（追记）2014年4月18日　星期五

出这本书时，我鼓励他帮忙画插图，14岁的小志老气横秋地叹道："天才已经被埋没了。"

"不，明天就去学习，学习什么时候开始都不会晚。"

我鼓励他，"晚上咱俩一起去张超家，你有什么要求让他爸爸帮你。"

兴趣和爱好是一颗希望的种子，把这颗种子种进孩子的心田，有一天这颗种子生根，发芽，成长起来，这个孩子就可能有更丰富的人生。

画墙上的涂鸦（左起：克克、小刚）

在画墙上画画的小志

2002年3月25日　星期一

克克准备上小学

克克上学前，各种各样的问题越来越突出：卷舌音不清楚，不爱说话，坐不住椅子……为了给上小学做好准备，我带克克去儿童医院检查。音官发育没障碍，只是习惯性地不清楚，最好在四五岁时矫正。

从今天起，克克要到儿童医院康复科接受语言治疗。

4月4日　星期四

在语言治疗过程中，主治医生认为克克自控能力低于他的实际年龄，坐不住，多动，有时治疗进行不下去，医生建议到儿保科检查。结果是感觉统合严重失调。

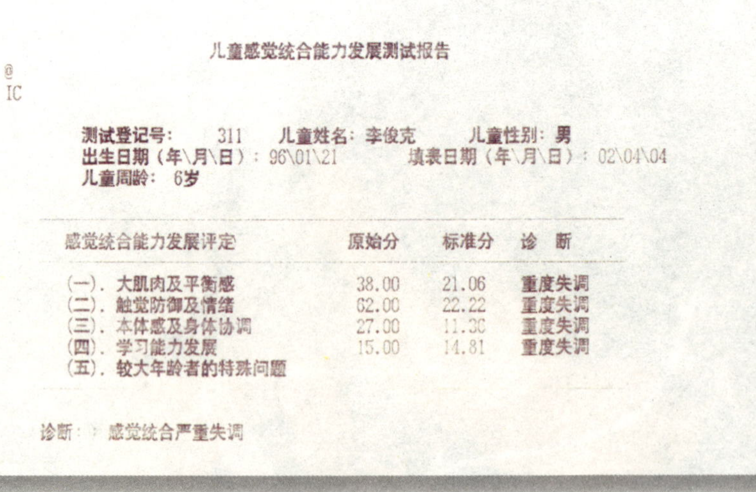

儿童感觉统合能力发展测试报告

@
IC

测试登记号：　311　儿童姓名：李俊克　儿童性别：男
出生日期（年\月\日）：96\01\21　填表日期（年\月\日）：02\04\04
儿童周龄：　6岁

感觉统合能力发展评定	原始分	标准分	诊　断
(一). 大肌肉及平衡感	38.00	21.06	重度失调
(二). 触觉防御及情绪	62.00	22.22	重度失调
(三). 本体感及身体协调	27.00	11.30	重度失调
(四). 学习能力发展	15.00	14.81	重度失调
(五). 较大年龄者的特殊问题			

诊断：：感觉统合严重失调

克克的检测报告单

面对这种结果，孩子不痛不残家长不接受，也不认为是“病”，这是问题的根源所在。孩子的这些现象本来就是须要治疗的病，却被家长忽视了。面对医生的诊断，家长依然持排斥态度，我一方面觉得责任重大，另一方面又得不到家长的支持，这真的让我很为难，好在我的性格是有问题就得解决！

4月8日　星期一

在我的坚持下，克克的父母专程来中国，也有带克克回日本的打算，但最终还是留给了我，我接受了医院的治疗方案。

克克暂时不上幼儿园，在接受语言治疗的同时，开始感统失调的康复训练，光在医院的时间还不够，家庭训练也要跟上。

每天6：45，我和家庭老师带上克克、小志去散步两小时，一路上要不停地教克克说话。

我折一枝迎春花拿在手上教克克说："迎（yíng）春（chūn）花（huā）"。一

语言训练中的克克（前排小志）

字一音地说清后，再说，“一支（zhī）迎春花。”

反复练习，克克能说很流利后说：“一支黄色（sè）迎春花。”

练好后，加一个送的动作说：“送（sòng）你一支黄色的迎春花。”

练习这些卷舌音，这是语言训练，不要时间过长，不要让克克厌烦，适可而止。

剩余时间带他做感统失调训练。在海边，追赶着一进一退的海浪，还要不弄湿鞋子；牵着他的手，让他走在路崖子上，走习惯了放开手让他自己保持平衡，不掉下来；打羽毛球；骑自行车；游泳；爬山；学习轮滑；让他趴在滑板上，老师推动他快速向我滑行，在他滑行的过程中，我把一个网球贴地面推出去，他要在运行中接住……总之，别把他关在房间里，放他在户外跑、玩、运动，这一切都是感统失调康复训练。

6月3日　星期一

在家里，我要把克克带到各个房间，让他说出、说清每一样日常用品的名称。我们也做游戏，老师、阳阳、小刚、克克分别在一个房间，我到老师房间说一句话给老师，让老师记住并到下一个房间传给阳阳，再由阳阳传给小刚，小刚传给克克，训练他们准确无误地传递信息，这些游戏对克克提高语言能力有很大的帮助。

6月27日　星期四

我想让克克晚上一年学的建议没能被克克的父母所接受，所以我要把克克送回幼儿园，让他学点规矩，起码得坐得住椅子，准备好9月份上小学。

克克在语言治疗和感统失调康复方面都有很好的成效，如果再能晚上一年小学，我再带他一年，对他会大有益处。但克克的父母及克克本人都希望上小学，而我在语言治疗和感统失调康复训练方面也积累了一些知识和经验，因此我有信心跟踪他继续进行训练。

9月10日　星期二

克克如愿地上学了，今天克克检查眼睛，验光后，克克不用再带矫正镜了，真是一件值得高兴的事，上小学能摘掉眼镜。

让克克更高兴的是要给他买一套书桌，书桌的款式和颜色是克克自己选的，椅子是我定的，我说："我不能给你买会转的椅子，你在椅子上转来转去我看了就晕。"

晚上安装完后，克克从自己的房间里跑出来，脸上绽满笑容，双手抱住我说："谢谢二姨！"看他开心的样子，我也高兴地说："还应该感谢爸爸妈妈为我们挣钱呢！"

康复训练中的克克

2002年12月6日　星期五

小刚的家庭画报

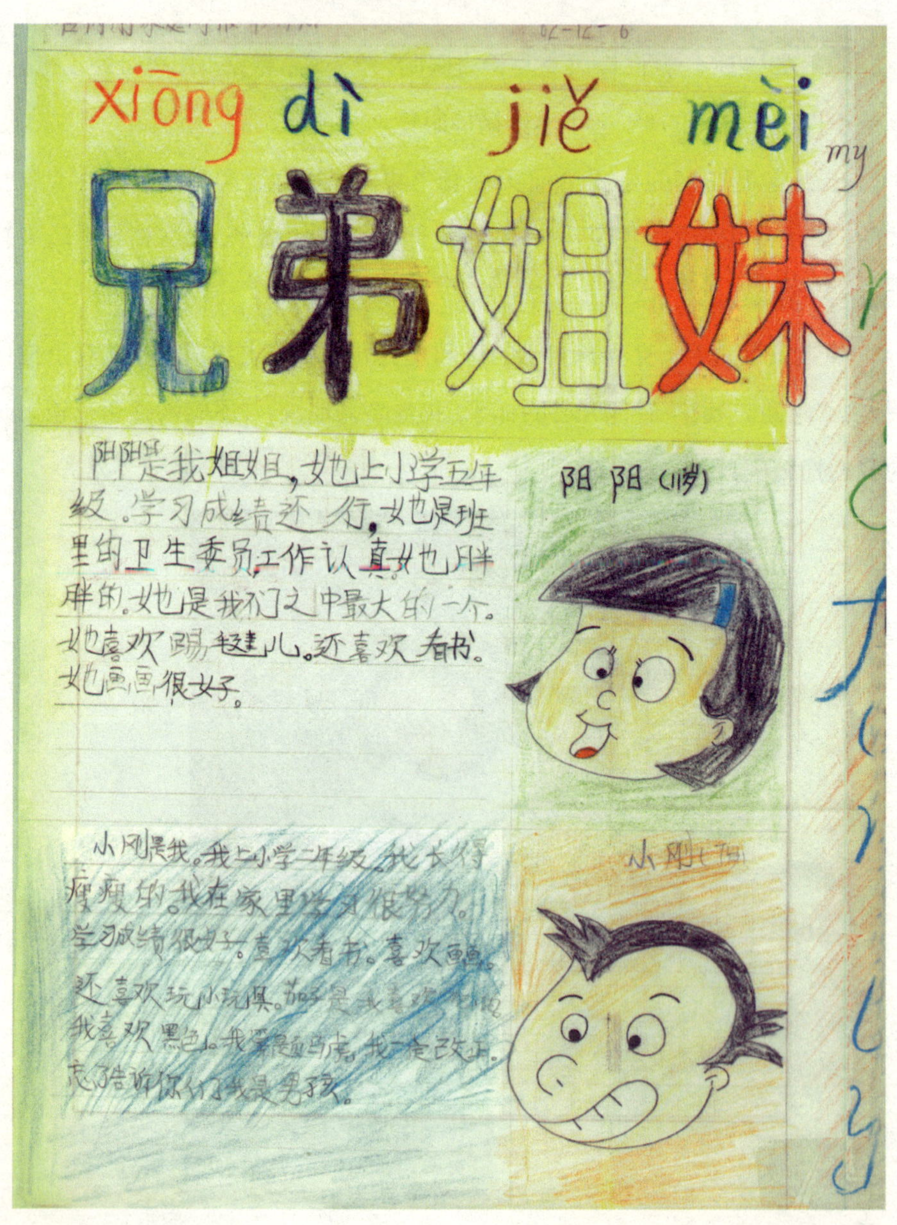

family
克克是我弟弟，他上小学一年级。他学习还行，他长得胖胖的。我干什么，他就干什么。他喜欢桔色。他是家里最能吃的小孩子。
克克
他是我的弟弟，也是我们家最小的一个。他很淘气。他喜欢汽车玩具。他爱说："我要吃桔子，好开心"。他要生气时先告诉大家："我要哇哇大哭。"他很可爱。
小志(3岁)
我爱我家

2003年9月7日 星期日

跳级、留级和补课

非典期间，学校全面停课，孩子们都待在家里。当时的首要任务是预防非典，其次是管理孩子们。

我们家规定了如同军队一样严格的作息时间。当然，户外活动成了最重要的一部分。

为了减少与外界的接触，我们早上的运动改为爬山。从家出来，徒步十分钟，就可以到西尖山脚下，我们从山的西侧往上爬。山路大多是曲折的小路，偶尔也有陡峭的地方。前面的人要回头伸手拉一把，年龄小的，要在家长的保护下前行。爬上山顶，有几块很大很平坦的巨石，我们站在巨石上，俯视险峻的山崖，南眺一望无际的海，此时每个人都会有放声仰天长啸的冲动。

两个多小时的运动，孩子们个个早已饥肠辘辘，7: 30回家吃早饭时，都狼吞虎咽。8: 30开始各就各位地学习。四个孩子，三个学生，阳阳、克克补习“短腿”的课程，只有小刚一直往前学。下午完成当天的作业后，就可以在小区里和本小区的孩子们自由活动。

非典结束，学校复课时小刚已经学完了本年度的课程，于是向校长提出跳级，并且顺利通过考试，成为大连理工大学附属小学的第五十名跳级生。

记得有一本书写过：妈妈送给男孩儿最好的礼物——是让他晚上一年学，我非常赞同这个观点。正常情况下是这样，但有学习能力又心智早熟的男孩儿，还应另当别论。

关于留级及补课，我的五个孩子中有三个留过级，这是受一次孩子们玩耍的启发。几个孩子在椭圆形花坛边玩耍，一个孩子甩了其他几个孩子一身泥水，沾上泥水的孩子们围着花坛追赶那个调皮的男孩儿，追赶不上的克克愤怒了，跳越上花坛，斜插到那个男孩儿前面等他跑过来，才窜出来抓住了他。

受此启发，我认为：学习落后的孩子，追赶起来真的很费劲。在同样体力、心力的情况下，还有压力，那么不如停一下，把"追"变成"等"就不同了，心力、体力都有余力。所以当孩子学习吃力时，我一般会采取停课一段时间的办法，让孩子集中精力在家学习。再上学时，孩子会有变化。我很少给孩子灌输"补课"的想法。

孩子们偶尔请假，我也不给他们补课，从不让孩子有"追"的感觉。生病休息了，上学前把明天要学的内容做个预习，再回到课堂，老师讲的新内容学会了，落下的自然就会了。

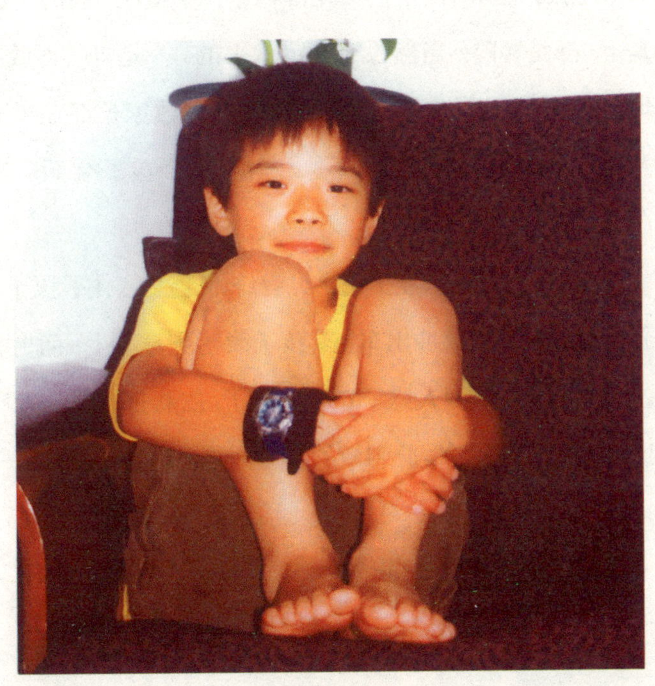

看电视的小刚

2003年10月13日 星期一

速滑队

2003年，因足球教练不能继续任教，在太郎妈妈[①]的协助下，请到两位速滑教练，小足球队被速滑队取代。

速滑鞋穿到脚上仅半个小时，我的脚就麻木了，很难坚持上完课。但孩子们即使脚磨破了，贴上一条创可贴仍能坚持。

在速滑队里，发生过一些让人难以忘记的故事。

教练把自己挂到树上

9月21日，我和家长们都有些担心，因为孩子们要穿着速滑鞋一步步地踏200多级阶梯，从侧面上到山顶上的贝壳博物馆，再从另一面的车道滑下来。不论是上还是下，都是冒险。当然没有一定水平的，一是自己不敢上；二是家长不让上。即使有些信心的，也要有家长陪着，大多数家长都在车道旁的停车场照看不上去的孩子，或者等孩子滑下来。当然每个孩子滑下来都有位男教练陪护着。

记得有一个孩子下滑时速度失控，男教练冲上去抱住了孩子，但没能成功地帮助孩子减速，结果双双冲出车道。孩子滚落到草坪上，而男教练自己却被挂到了树枝上。庆幸的是两人除了衣服剐破了，皮肤擦伤外，都无大碍。

这成了我们速滑队最冒险、最刺激的一个故事。

① 邻居的孩子太郎的妈妈。

速滑队（前排左起：太郎、克克、小志、小刚等，后排左起：教练、阳阳、二姨……）

速滑最快的太郎

10月11日晚饭后，孩子们聚在小区的空地上，进行一对一的速滑比赛。阳阳挑战速滑速度最快的太郎和小刚。太郎和阳阳从池塘边起跑，到车道也不过百米的距离。太郎起速太快，到路边却停不下来了。从10厘米的道牙落到车道上，又横穿过车道，冲上同样10厘米高的道牙，撞上高2米的铁护栏。太郎技术太高超了，鼻子、嘴毫发无伤，两颗大门牙却各撞掉一半，两门牙间露出了一个三角形的洞。太郎妈妈吓得无法驾车，我开上自家的车，往大连口腔医院飞奔而去。

太郎妈妈又难过又自责，但还是认为，不能因害怕有伤，就不让孩子参加运动；不能因担心，而不许孩子去探索、冒险。我们都知道，总不能把孩子像布娃娃似的挂到墙上去，孩子们乐意从运动中学得一技之长，学到坚强面对任何挫折困难，并从中获得快乐。

常言道：信任是最好的祝福，无谓的担心才是诅咒。

太郎的牙未成年之前无法修复，只能暂时堵上，待成人后才能治疗。尽管经历了这种情况，太郎仍然是速滑队中胆子最大、速度最快的一个。

家长要学会放手，并相信孩子们有能力面对人生中的任何挑战。孩子身体的伤痛，哪怕留下遗憾，也没有影响孩子们向往各种运动。他们阳光快乐，他们活泼可爱。

训练中小憩（小刚、太郎）

2004年3月21日　星期日

改掉说谎的毛病

有时候，人们会不经意地找个似乎能站住脚的借口，替自己推脱一下并无大碍的责任。比如，8：00的约会，8：05才到，找个借口说："今天太堵车了。"其实，差不多全世界都堵车，人们会礼貌地接受这点小小的借口。

说个小小的谎言，大小为了一点目的，阳阳有过。可有的时候，什么责任、目的都没有，却说"反话"，眼看着她放下碗筷，你问她吃饭了吗？她会张口就说没吃……阳阳的这个毛病，着实让我下了不少功夫。

我发现她的这个毛病后，便记录在她的成长日记中，并且一直关注她，首先是思考她为什么会出现这种现象。其次是观察她，而不去纠正她。同时我去书店找与说谎有关的书，不看内容，只看目录，只要与说谎有关的书就买回来看。

我学着试用各种从书本中学到的办法。

一是提出问题后，马上提醒她别急着回答问题，要想三秒钟，再回答。

比如她和邻居的孩子去上现代舞课，她逃课，不知跑哪里玩去了。但她不知道老师已电话告知了家长。她很开心地回到家。我问："你好高兴的样子，是课上得很开心吧？"她露出轻松、愉快的表情，张嘴就要回答时，我马上制止说："别急，好好想想再回答。"

她瞬间严肃下来，开始警觉并思考时，我用了第二个方法说："不论发生了什么，我都不追究。我只想知道事实的真相，告诉我实话。"这时，她放下心来，老老实实地说了实话。因为我了解她，她不了解我到底知道什么，所以她不得不实话实说。

但是家长一定要记住遵守诺言，不追究。我只是让她打电话给老师，告诉她已平安到家，也许她顺便还会向老师道歉。

第三就是限量。说谎次数一周只限一次，再往后，一个月一次，直到她完全改掉这个坏毛病。就像医生治病一样，先确诊是什么病，再对症下药，那些有效的方法就和医生的药一样。

还有一个就是坚持帮助她，在她不知不觉中去治病救人，而不要去暗示她“你说谎”。在她还没有成病、成负担、放任自己前，就根治掉这个毛病。

改阳阳这个毛病，确实用了很长一段时间。直到全家人都知道：不论有多大的错，二姨最在意的是当事人有勇气说出事实真相。

孩子们都知道了，本来只犯了一个错，如果再用谎言去遮瞒，那就是错上加错了。前一个错也许是无意的，后一个错肯定是有意的，那是绝不可原谅的。

所以，在治阳阳的毛病的同时，也给全家人做了预防。

2004年4月8日　星期四

小刚要回日本

——写给小刚妈妈的信

艳青:

你好!

就小刚要回日本念书之事，我们都应该稳一点，别逼得太紧，弄不好会适得其反。

从我们家长方面不论从哪个角度考虑，小刚都不该回日本学习，但从孩子的角度考虑，他已经长大了，他有回日本读书的要求、理由，我们必须根据他的意愿给予引导。我们把回不回去的决定权留给他吧，其实小刚比我们还难做，他要面对选择，很难下决心。

你走后，我们谁都不主动提起此事。一次他和我坐在温泉池里，他为难地说:“我又想回日本，又想在中国念书，要是培根学校能搬去日本就好了。”

我低声说:“世上的事，很难两全其美，随着你年龄的增长，你会遇到许多这样的选择，很难，但你必须选其一而行。”

他没再说什么。

慢慢来，给他时间，我相信:我们暑假都回日本后，小刚不会去上日本的学校，我敢和你打赌。

只要你按他回日本上学做准备:住的房间;安排好学校;我把李阳用过的书包(日本小学生用的那种)托克克妈妈带回去，准备越全越好。然后，我们静观小刚能不能迈进日本的学校。

小刚有两种生活环境：一种是和我在中国的，另一种是和你在日本的，和我在一起的是有规律的，比较严格的学习生活。和你在一起的是没有规律没有严格作息时间的好吃、好玩、好游、好乐的休闲度假生活，所以他想回日本。倒过来，让他回日本读书，回中国度假，他也会觉得中国轻松。

我们应该给他机会，让他自己选择，只有让他学会对自己选择的后果负责时，他才能认真对待选择，越拦他越坚定他自己的想法，他的事让他自己做主吧，我们别施压，别逼他。他做什么选择都是他的需要，他也有这个权利。

姐：艳丽

2004年4月8日

追记：最终小刚放弃了回日本读书的想法，静下心来留在中国。

2004年9月10日　星期五

写给阳阳的信

——写日记的好处

阳阳：

你好！

想念你，给你打两次电话都关机，才写信给你。你适应了新的学习生活了吧？你去了北京，小刚和克克也住校了。家里只剩我、小志和杨阿姨。晚上小志从幼儿园回来后，杨阿姨去散步，一直到晚上8：00，这样只剩我和小志在家学习，他不至于任性、贪玩，学习还算好。

小刚和克克住校也都适应了，他们学习很努力，希望你能更努力。他们两个要跟你比呢，希望你加油，别输给他们。

阳阳，一个人在外要多关心自己，我最担心的事是：你身体不舒服时也不言语。忍耐是好品性，但相对于身体以外的其他事而言，忍耐也不同于坚强。所以，一定要多注意身体，不舒服时，一定要及时告诉生活老师、班主任或直接去医务室看医生，也要打电话告诉我一声。

再一个就是，心理有什么问题自己想不通或解决不了时，一定要打电话给妈妈，或找我谈谈。我们成人有时也有一些心理问题，需要跟人沟通，需要有人帮助解决，你远离亲人，我们不知道你想什么，需要什么，遇到了什么问题，都需要你自立。

多写日记，日记是我们最忠诚、最可信赖的知己。写日记的过程就像与知己朋友谈心，写日记可以疏泄心理压力，写日记可以减轻远行人的孤独感，写日记是对自己最真实的记载。从日记里，我们能看出最生动、最真实的回忆，是我们活过了的证明，是我们人生路上回头可寻的足迹。

阳阳，从你收到这封信的这天开始，在我送你的这本日记上，把这封信贴在第一页上，在它后面开始记日记。

写上你看见的，你想的，你要做的，写上你的喜、怒、哀、乐……

有一天，我能从你的日记里，看出你的思想，你的行为，你的情绪，你的某年某月的某一天是怎么度过的。

阳阳，请记日记吧！一定！

想念你的二姨

2004年9月10日

2005年2月25日　星期五

阳阳被迫离开家的感悟

今天，阳阳要离开大连回北京（去上学了）。临近行期的前几天，她就焦虑不安，前天早上她赖在床上不肯起床，说："就要走了，吃不上家里的饭菜了。"一会儿让杨阿姨做饭菜，一会儿又说："还是吃饺子吧。"这几个字说出的同时，眼泪也无声地落下来……她低下头，任着大颗大颗的泪滴落在被上，瞬间扩展开更大的洇湿的痕迹，滴落在手背上，她愈加不安地揉搓着双手，深垂着头……

当我一人在机场送别阳阳时，阳阳那份无助与无奈，满含着泪光的双眼，挂在嘴角上牵强的微笑，恋恋不舍的渐行渐远的背影和高高挥摆的小手……一切一切的踪影都隐没在人群中。

我有的也只是孩子般的无能为力和悄然滑落的泪水……

（追记）2008年12月22日　星期一

我深刻地感到强势家长强加给孩子的：自认为对的生存方式与生活，对孩子一生的影响。"加"与"受"作用在孩子身上，孩子承受了更多的后果。

有多少孩子既要承受着来自家长的不合情理的安排，还要面对自己不情愿面对的一切人与事，更要担起自己的责任生活下去。这需要怎样的勇气和担当？！而内心渴求的爱与理解、爱与支持，却永远地被禁锢在孩子幼小心灵的最深处。再以后家长的一切给予都很难再打开孩子的心扉，这是亲子间一切不和谐的开始。

家长啊，你给的是孩子真正想要的呢，还只是你想给的？作为成年人的我们，选个生日礼物时都要用心考虑对方的喜好和需求，那么，为什么对最亲的人非要强加呢？这种加与受只能造成互不领情，然后，双方一切的不如意的结果是更多的变本加厉的指责，两颗碰撞的心只能越走越远。

正如我前封信中担心的，阳阳的身体出现了问题，偶发休克（与心脏有关）。2007年的寒假，阳阳回大连，我发现她长期低烧，带她做了多次检查，才发现她患有淋巴结核……不得已，阳阳于2008年末再次回到大连，回到我身边。

回顾当初，问题是我不是无能为力，而是没有尽力而为！这是所有的错！

如果当初，我能有如此深刻的理解，我会去劝说阳阳的父母，但是生活中没有如果，我也和孩子一样顺从了。

家长千万别忘了家庭教育中的爱与理解，爱与支持，爱与引导，这样孩子和家长才能都少走弯路。

家长的责任是引导孩子健康快乐地成长，帮助孩子学得智慧生存法则，而不是让孩子从苦痛中得到经验和教训。

2006年2月18日　星期六

开学前的准备

长长的假期就要结束了，开学前一周，孩子们还处在假期的状态中。如果不能提前做好准备，开学初孩子们难免会出现一些问题：

开学综合征（插图作者：小足球队队员张超）

为了避免孩子出现这些问题，影响开学伊始的学习，我思考了好久并查阅了有关书籍。我认为应该在开学前一周制定一系列的计划，做好开学前的准备。这些做法尤其适合小学生的家长。

1. 按规定的时间早睡早起，家长应多加监督。给孩子一个闹表，让孩子自觉按上学时间起床。

2. 按上学时间保证一日三餐，调节饮食。

3. 按学校作息时间学习，掌握上、下午的开始时间。安排户外活动，调节身体状态，进行集中注意力训练。

以此来调整孩子的生物钟，调整身心，使孩子们很好地进入学习状态。这个准备做得越充分，新学期孩子们在学校的适应性就越强。

2006年2月21日　星期二

忙而有序的一天

为了做好开学的准备，开学前一周，我就要求孩子们按照上学时间来作息了。克克的一篇日记，真实地记下了开学前一周孩子们的生活。

忙而有序的一天

快开学了，家里又恢复了上学时像军队一样严格的作息时间了。

早晨6：30准时开饭。只要你到餐桌前，二姨已入座了，就说明你迟到了。二姨心情好，说对不起就行了，不好的话就得放弃此餐。不过这只是规定，我们还没有谁被罚过。

作息时间规定，上午8：30—11：30是学习时间，我们按时回到自己房间，坐到书桌前学习。即便人坐在书桌前，心也没静下来。可是不稳下心来也不行，马上开学了得交作业。

12：00准时吃午饭，这半个小时轻松愉快。一家人围坐在餐桌前边吃边聊，有说有笑。小弟小志，长得白胖白胖的，挺干净，饭却吃得桌上桌下都是，也许给他一个最大的餐盘也于事无补。二姨养狗，也许是为了吃他掉下的食物。上高一的哥哥，经常说些搞笑的话，逗大家乐。我也会说些见闻。大家七嘴八舌，声音最高、说话又快的是上高二的姐姐。

下午1：00必须出门。我们几乎是飞奔着出门，冲上车，性急的二姨会准时开车，直接带我们去国宝会馆游泳。下午我们不能待在家里，必须到户外运动。不参加运动，必须有适当的理由，而且必须提前一天请假。不然，即使你不想游泳，她也会把你拉上车，跟着她去办事，拉着你满城跑。她就看不了谁无所事事。

晚饭后，如果二姨没有选好的电视节目或要一起看大片的话，我们可以自由活动。

周日是最美好的。我们完全自由，可以邀同学、朋友来家玩或出去玩。最惬意的是，每周日有两个小时上网或玩游戏的时间，为了这个时间，我们必须遵守一周的作息时间，免得周日遭到惩罚，那可是可怕的“灾难”。

在日本度寒假的克克

2006年5月13日　星期六

小志和小猫

几天前，小刚和杨阿姨围着鱼池，看小志把刚会跑的小猫抓在手里，再扔到池水中。杨阿姨原先是为了阻止小志才出去的，后来非但没阻止却看起热闹来。我站在餐厅窗前，看着他把小猫扔到池水中，小猫爬上来，全身湿透了，可怜地抖着水，没等逃掉，小志再把它扔进水里，乐此不疲地重复着。

我厉声喊道："小志！"

他一惊，马上满不在乎、气哼哼地跑到窗前，缩着脖子，斜瞪着眼，撇着嘴，盯着我说："那也比你强，你还剁掉小猫的尾巴呢！"

我瞬间哑口无言，但我知道不能让他这么嚣张。我快速思考如何应答，立刻有了主意。

我强硬地命令他："请你进来！"

阳阳妈妈正坐在餐桌旁看书，说了句："我看你怎么办！"

我的声音和神态吓了他一跳。他愣了一下，有摸不着头脑的惧，但还是进来了盯着我看。

我转身进厨房，从刀架上抽出一把铮亮的砍刀，掐着刀背把柄递给他说：

"我小的时候是剁过小猫的尾巴，那是因为那只猫挠伤了我，我很生气。如果你想跟我比的话，请你出去把那只猫的头剁下来给我，如果你能做到，那么小区里的猫死活由你说了算，我绝不干涉！"

我说的话字字落地有声，他呆呆地看着我，没敢接我递到他面前的砍刀。

我用严厉的目光逼视着他。

他连忙摆手说："我再也不敢了，绝对不敢了！"他的眼神也在告饶，身子直往后退，嘴不停地说，"绝对，真的不敢了……"

我看在眼里，强忍着笑意，压低声音说：“我希望你记住你说的话。”我话音未落，他答了一句“知道了”，就跑回自己的卧室去了。

阳阳妈妈“扑哧”一声笑了说：“你这是什么方法？开始我有点担心，不知道用什么办法解决，别说你还镇住他了。”

我笑笑无奈地说：“妈老是跟孩子们讲些我们小时候淘气的事。有时他们很怕我，有时也当笑话说，或者像今天这样。我一个女人，仅仅用一些温和的手段，怎么带这几个越来越大的男孩儿？”

旅途中的淘气包（左起：小刚、克克、小志）

2006年6月23日　星期五

阳阳的来信
——经历了才能够成长

收到李阳的来信，我安心多了。因为她被妈妈所迫，不得不离开大连的家去北京的私立学校。她还为我未能尽力帮助她留在大连而怪罪我，这使我和她一样难过。今天她回复了我的信，让我感觉到，她再次打开对我关闭的、敏感而不成熟的少女心扉，这正是我最期待的。

让我欣慰的是，当孩子远离家时，家长的教诲孩子能放在心上；让我更高兴的是，孩子在经历中成长，而我仍能与孩子感受成长的喜乐与困惑……我希望她相信我，在她走出的每一步里，我都将伴随她，给予她爱与支持！

李阳的来信

二姨：

我觉得自己来到汇佳变了很多，也学到了很多东西。与人交往是我在汇佳里学到的最有用的东西，我也从中领悟到了很多的人生道理。书中所学和您教给我的道理，在这里真真正正体验到了它们的作用，但我还是不喜欢这里。

对于汇佳，我自己很矛盾，不想在这里上了，因为在这里的每天都很累。除了学习外，既要小心与朋友处好关系，还要忍受男生对你的取笑，他们随时都会取笑人，让人措手不及。但相反，我又舍不得纪老师和监护人。还有就是我想努力学习，在中考时试一试我能否考上IB高中。IB是我来汇佳的目的哦！没有完成任务，况且不是因自己没有能力而没完成，若就此离开觉得可惜，所以我很矛盾。也许选择是我必须经历的，经历了才能够成长吧！

二姨，帮我做一个决定吧！Please！

帮我问淘气包们好！

还有，一定要照顾好小狗狗。

李阳

2006年6月13日

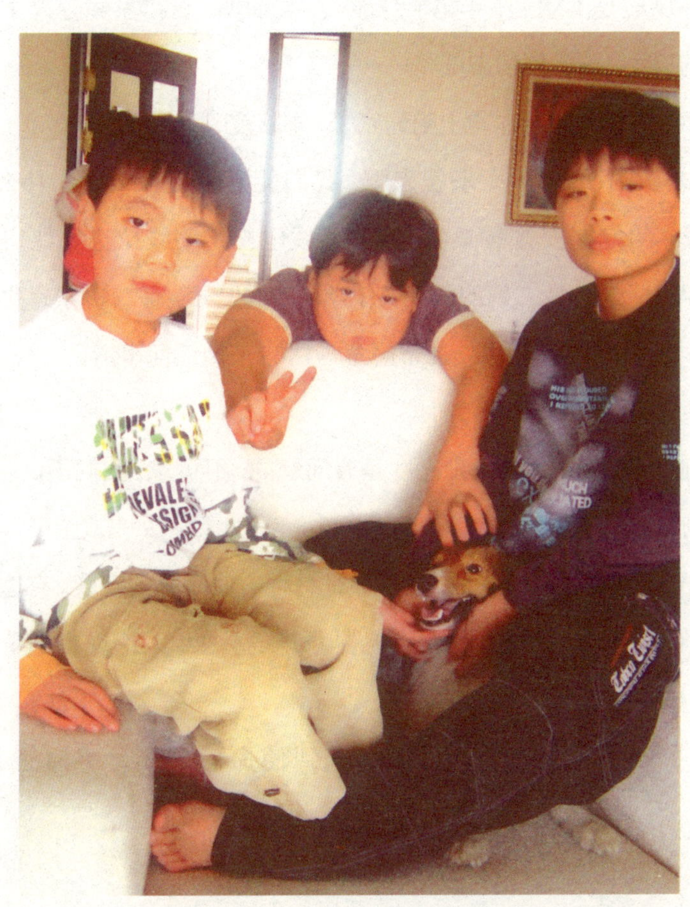

友爱的三兄弟（左起：小志、克克、小刚）

2006年6月25日　星期日

姥姥来了

姥姥在哪儿养老，又成了问题。我决定把姥姥从老年公寓接回家。孩子们知道后的第一反应是不欢迎，姥姥半身瘫痪，又抽烟。我在家庭会议上说明姥姥必须回家的事实，孩子们的态度是——

有人反对：为什么姥姥非得上咱们家来，不接受，不同意！

大多数人认为：没办法，来就来吧。我们能为她干什么就干什么，给姥姥腾出一间房；给姥姥安排餐桌位置；把有线电视走明线拉进姥姥房间。

还有人认为：姥姥是二姨的妈妈，有姥姥才有二姨，有二姨才有我们现在的家，照顾好姥姥比什么都重要，非常愿意为姥姥来做任何事情。

孩子们发表完意见后，目光转向我。

我严肃地告诉他们："第一种态度是有问题的，不可取，我们不议。"

第二种态度是有责任感的，二姨高兴。

在这里我最想说的是第三种态度，那是一种有使命感的态度。有这种态度的人，做学生会是优秀的学生；做员工会是卓越的员工；无论现在从事什么工作，都会是有成就的人。

我希望你们不论做什么事，都能找到使命感。二姨感谢持第三种态度的人。"

姥姥来了（左起：小志、小刚、二姨、阳阳、克克、姥姥）

2006年7月30日 星期日

美奈来了

美奈刚从黑龙江来到大连，加入我们“移民家庭”的时候，是一个不言不语的、自理能力极强的、心智早熟的女孩。她精致的小脸、小鼻子、小眼睛，透着超常的淡定和傲视一切，以自己是日本人自傲。小志也是，只要飞机落地成田机场，他就会说：“日本的空气都是香的。”宁肯尿裤子也不肯去中国商场的卫生间。但谁也没有美奈的倾向严重。

为了教育他们，我和阳阳妈妈带着五个孩子观看了电影《南京大屠杀》。不论他们看过多么残酷的战争片，他们都认为是与他们无关的历史或编的故事，但这部电影触动了他们的心灵，与他们有关了。他们沉默了，谁也不肯说话。此后他们不愿在外说日语了；不再想让人知道“我是日本人了”；不再显摆一个本、一支笔是日本的了……

我教导他们：“你们爱日本是对的，因为你们的爸爸是日本人。但是你们不爱中国是不对的，因为你们的妈妈是中国人。而且你们在中国受教育，在中国长大，中国人也以礼善待你们。”

小志不服：“那还有人骂我日本鬼子呢。”

我说：“那并没有多少恶意。在中国孩子眼中，那是你最大的特点，如果你是瘸子，那么他也许会骂你瘸子，如果你是胖子，他也许会骂你是胖子，不是本质问题。但是你身在中国还歧视中国，那就不对了。”

美奈拉长声问：“怎么爱？”

我说：“对我来说，一个地方有危险，政府就派飞机、船只接中国人离开是非之地，回到祖国，我就感动、欣慰和爱中国，我就想尽自己之力使中国变得更美好，像在日本那样把生活垃圾分类清楚，美奈、小志负责定期请收废品的人来收购，每次都能换得二十几元钱，既环保又不浪费资源；遵守交通规则，这方面你们都做得非常好；不随地丢垃圾随地吐痰……如果每一个家庭每一个孩子都能像我们家和你们这样做就能使中国越来越美好。”

我引导他们：“身在异乡的人最想回的地方是家，身在异国的人才明白国的重要。中国、日本都是你们的祖国，你们是中国、日本的混血儿，你们了解两国文化，长大了你们应该成为两国友好的使者，希望你们能为两国的友好、和平做出更杰出的贡献。”

这些教育影响了他们幼小的心灵，伴随着他们的成长。当得知一个换肾的中国小女孩需要捐助时，他们五个人便捐出了自己的零用钱三千多元。他们慢慢地学会了开放和谦容，即便同学们再管他们叫“日本鬼子”，他们也不至于跟同学们吵架了。

刚来大连的美奈

2006年7月31日　星期一

精力过剩的小志[1]

假期，孩子们有些散漫，让小志静下心来不太容易。

9: 50，克克妈妈来电话问：“是否去池袋看电影？”

我当然得去，我不肯放弃任何一次带孩子们出去玩的机会。

我们必须在一个小时内赶到池袋，但我不确定能否做到。一是不常在日本，乘车路线不熟；一是腿痛；还有就是小志比较散漫，走路时边走边玩，稍不留意就不知走到哪儿去了。

到池袋见到克克妈妈和克克，进入电影院时已经11: 00了。后半场小志眼睛红肿，便早早地跑出来，没想到他正修治的牙又被他不知怎么弄出了血，简直惨不忍睹。户外暑热难耐，我的脚也磨出了泡。我先带他看眼睛，再治牙，回到家只想躺下睡觉。

小志拿捕昆虫的网到小庭院里捉蚊子，再拿到客厅里杀灭，可是不知道有多少只蚊子逃脱去咬人。

落地窗的玻璃门随着他进进出出，咣当咣当地响着，吵得我不得不起来。

他淘气淘得不着边，安静不下来，我又累又无奈。

问题是怎样引导精力过剩的孩子，把精力集中在有意义的事情上？

---

① 本篇日记记录的是在暑假期间回日本东京发生的事。

2006年8月2日 星期三

找兴趣[1]

在不了解孩子们的兴趣爱好前，先别让孩子们待在家里无所事事。我常常把小志、美奈带到自家的小花园里，他们把花从东边的花坛移到南边的窗下地里，一会儿工夫，就去抓昆虫了。

我发现他俩对收集各种知了很有兴趣。于是，我们去商场买了大小捕昆虫的网、做标本的钳子等各种工具。只要有时间，我就把他们带到公园里，他们抓大力士甲虫或捕知了，一回到家，俩人就躲到房间里做标本。过剩的精力有了消遣的去处。

小志一定在想：我想要！

① 本篇日记为暑假在日本东京。

8がつ 15にち ようび

てんき（いろを ぬりましょう。）はれ くもり あめ

なまえ 千叶贤志

今天，我去chān guān了kuī虫zhǎn。我进到了一个小zhǎn lǎn tīn，里面有许多不tóng的甲虫。一个三四岁的小hái ná着一个比他的手还大的大甲虫，一会儿bèi jiá的wā wā大kū。

我xǐ huān上了甲虫♡

小志的画和日记

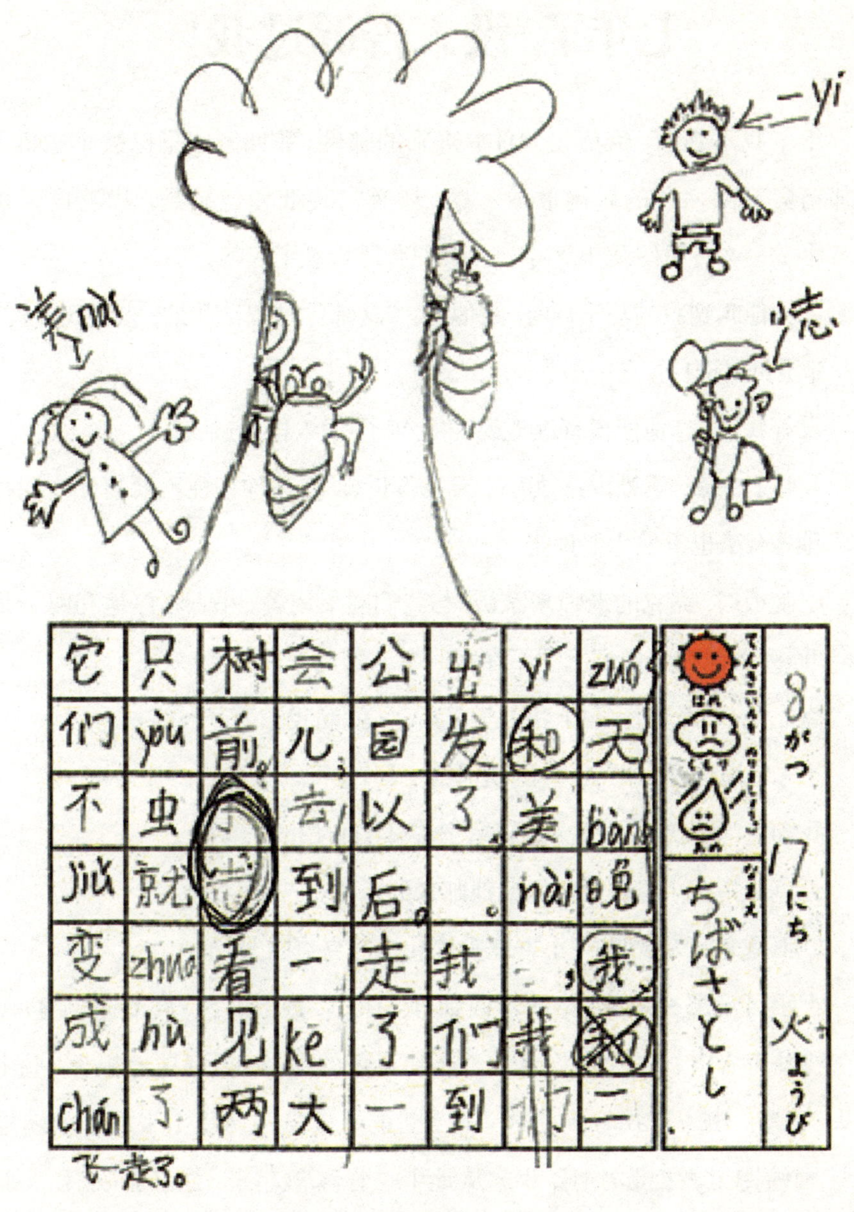

小志的画和日记

2006年9月22日 星期五

七年了，没人告诉过我！

下午我不在家，恰巧收到日本寄来的邮件。我回家时早已被小志拆开，空邮箱旁五颜六色的旗袍散放一桌，还有包装纸和包装袋。我没找到我要的名片……这一切使我很无奈，这孩子真得管教了。

我把他叫到我的写字台前，跟他说：“这邮件是邮给我的，未经我允许，任何人都不可以擅自打开……”

没等我说完，他便很有理地说：“七年了，没人告诉过我。”

我吃了一惊，顺势说：“好，今天我告诉你了，请你记住不要再发生同样的事。”他像什么也没发生似地走了。

吃晚饭时，克克的老师来家访，与我们同桌用餐。小志不停地和两个哥哥吵架，原因是他在哥哥们上学不在家时拿人家的东西。

克克说：“我知道，早上我上学走后，你就动我东西。”

小志气愤地说：“不是早上，是中午。”

我和老师都笑了，我说：“你看，你是不打自招。”

克克又指责小志动他妈妈给他邮来的东西。

“不是完好无缺吗？”小志理直气壮地冲克克叫。

小刚可没那么多废话，放学回到自己屋里，放下书包，转身来到客厅，把正在沙发上看电视的小志揪起来，拖到宽敞的地方，摁倒在地板上，骑上去拳头、巴掌一顿扁。我看到的这一幕，也正好被从厨房里出来的于阿姨撞上了，于阿姨跑上去抱起小刚，小志从地上一骨碌爬起来，强忍着眼泪，一脸的好汉做事好汉当的样子溜掉了。我想他肯定又动小刚什么东西了。

晚上，孩子们都睡了。

我望着对面床上酣睡的童真、可爱的小志，不知道该怎样做好，我一时想不出更有效的方法教育他。

两周前他从麦凯乐商场拿了一块巧克力，理由是我不让他买。我一点儿没察觉，他已经吃完了。

我跟他讲了一个妈妈不管教从小偷东西的孩子，长大后被判绞刑，在行刑前咬掉母亲耳朵的故事。他听完后，愣了一下说：“谢谢你讲的故事，我记住了……”

“打，不是解决问题的方法。”杨阿姨担心我会打他，临睡前说：“小志的本性不是那样的，你不用太担心。”

话虽如此，可也不能见病不治吧！这总不是小毛病吧？

陪小志玩的小刚

2006年9月24日　星期日

建立规则意识

终于有机会了。

"昨天，你在楼下超市里拿了什么东西？"我问。

"你怎么知道的？"小志不安地问。

"超市监控录像中发现的，店长找到了我（其实是有人告密）。我们一起去超市看看录像吧。"我平静地说。

他一连说了一串"不"后，说："太丢人了，怎么办？"

看来他是没主意了，我问："你说呢？"

"我不知道了。"他说。

我神秘又智慧地说："第一别让家人知道；第二你去找店长道歉，并把钱付了；第三我们去和店长谈，别让他报警找警察来。"他表现出从未有过的顺从，并向我诚恳地道了歉。

我先去找了超市的负责人，说明我的用意，负责人很配合。我带小志到超市时，负责人在超市一角的小餐桌边接待了我们母子俩。小志怯生生地低着头说："对不起，我再也不敢了。"负责人拿出备好的一盒巧克力，让小志到收银台去付钱，当小志拿着巧克力、交款小票和找回的零钱回到我们面前时，负责人说："巧克力我收回，这个是你的收据，有这个小票你才能合法地把东西带出店。"

我小声问："那还用报警吗？"

“这孩子反省得这么好，钱也付了，我看不用找警察了吧。再发生类似的事，就得找警察了。”负责人蛮严厉地说。

小志乖乖地道谢说：“谢谢叔叔。”

从此以后，这类事再也没发生过，但常常能听到他站在楼下的草坪上喊：“杨阿姨，今晚我替你洗碗，先给我5块钱好吗？”

这时我就把钱给杨阿姨，让杨阿姨表现出欣然接受的样子，从三楼丢下5元钱。

小志还有解决“经济危机”的办法，那就是当月的零用钱不够时，他会向美奈借钱。美奈把钱、物管理得非常好，月月都有剩余。我不知道小志是用什么方法借到钱的，但我关注他的还钱情况，每月一拿到零用钱他先还欠账，从未出现过纠纷。

后来，我通过现金流的游戏，帮助小志学会理财。

我认为小志会在这些行为过程中，建立规则意识，这对他非常重要，而学会这些，也是孩子家庭教育的必修课。

2006年12月11日　星期一

小志剪吊兰

吊兰在乡下的地里养了一个夏天，冬天拿回到室内正长得旺盛。周六我从外面回来，杨阿姨向我告状："吊在盆外边的吊兰枝叶都被小志剪了。"

我一看傻眼了，就剩两株茎在盆里。杨阿姨从垃圾桶里拿出一大把被剪的吊兰枝叶，我叫来小志问他为什么干这种事。

他说："花的根都露在外面，我想它们也快死了，就剪了。"他认真地说。

我听了耐心地说："这种花的根可以露在外面，靠着茎及外露的根吸收水分生长。你看它们都绿油油的，如果枯死会变成干黄的。"

"噢，我明白了，对不起。"

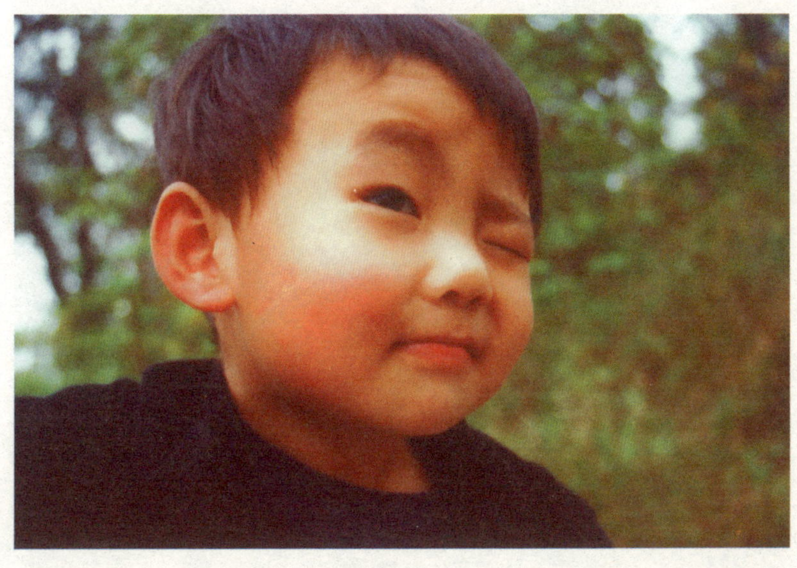

调皮的小志

2006年10月2日　星期一

乡下，开山凿洞

乡下[①] 农舍是大人们放松、修养的好去处，更是孩子们的乐园。我们家的一排房子后院是一个山坡，坡被修成大约80度的斜坡墙，斜坡墙右下角有一个可通到小山谷的山洞。为了安全起见，我把洞口堵死了，成了坡墙的一部分。

坡墙上至今还残留着美奈、小志的杰作。两个孩子用各种各样的工具，在几乎垂直的坡壁上，凿出了一个个的洞。他们用镐刨，用铲挖，用水管冲，甚至他们还把爆竹塞进去爆破……这个“工程”，他们干了有两年，其乐无穷。大大小小的洞可以安放燃烧的蜡烛。

近几年，他们已经忘记了，坡壁残蚀，他们的“工程”也快消踪灭迹了，但却永远留在我的记忆里。

① 在距大连50公里的老铁山，有山有海有温泉，有老铁山鹰，是东北三省含氧量最高的天然氧吧。

在乡下玩耍的美奈、阳阳和小志

2006年10月21日　星期六

可可树

周四的晚上，在我们上床读书时间，我读《世界名著智慧童话365》中的《真假海螺》给小志和克克听。读完后，我问："他是怎样拿回属于自己的神奇的海螺的？"

小志说："他用他妻子的智慧从坏商人那里拿回的。"

我说："多亏他娶了位聪明的妻子。"

"你要娶位什么样的女孩做妻子呢？"我又问。

"漂亮、聪明、心灵手巧、会种瓜，还要会种可可树，因为我喜欢吃巧克力。"小志认真地扳着手指数着说。

我听了想，总不知道小志的小脑袋里都在琢磨些什么。我说："那你得娶位仙女。"

杨阿姨例行公事似地在我和孩子们的房间，待我们睡下才肯离开。她听了放声大笑，小志爸爸经常模仿她的笑声。

最后，他委托我帮他买可可树，我说："恐怕大连买不到，那是热带植物。"

他问："那东京可以吧？"

"我只在植物园里看过。"

"让爸爸帮我买一棵养吧！"

"恐怕不行，爸爸不喜欢养植物，我们来中国后，花园里的葡萄架、果树都被他放倒了。"

"为什么？"小志问。

“有一天，爸爸突然打国际长途电话来说你的花园快变成原始森林了。葡萄架也被压倒了，都被我砍倒扔掉了。我很心痛，但也没办法，爸爸不喜欢侍弄花草。”

小志泄气地说：“那只好我自己养了。”

第二天下午，我和杨阿姨还是怀着一丝希望去大连最大的金三角花卉市场找了一趟。可可树没找到，倒是买了三盆盛开的菊花。花朵的直径有我的手掌大，有白色、金红色和明黄色的，金红色最漂亮。给小志买了一棵核桃树，也许他能接受。

2007年1月20日　星期六

愿望交换

美奈非常希望能在大连过一次春节，美奈妈妈却来电话说："美奈爸爸想去绥化过年。"美奈妈妈和阳阳妈妈一再商量，阳阳妈妈尊重美奈的想法，美奈妈妈想听美奈爸爸的，又认为回自己父母家过年比在我这儿方便。

我觉得美奈妈妈的想法更合情合理，便对她说："既然回中国了，还是回绥化合情理。你们回绥化，美奈一个人留下，对美奈、对你和美奈爸爸以及你的父母来说都是不完美的年。小孩子总有很多愿望，我们毕竟是大人，可以想办法拿一个愿望换取另一个愿望。她的那个愿望即使很强烈，我们总有办法用另一个取代。"

我问美奈："如果你妈妈满足你一个最期待的、最想实现的愿望，你愿意跟爸爸妈妈回绥化过年吗？"

她马上说："那要看是什么！"

然后美奈妈妈和美奈谈。原来她想得到一个MP3，若把这个MP3给她，她就无条件地跟父母去绥化过年。问题解决得出乎意料，我以为她会提出转学，停止钢琴课……

小刚也是。期末考试前，我和他谈好，成绩不提高一百名次，就不能回日本。结果他真的提高了正好一百名次，他的这种学习能力着实让我吃惊，但考虑到他的学习，还是不回日本的好。我提出的条件是大家充分满足他回日本的购物愿望，另外还给他一个惊喜：他在日本的奶奶、他喜欢的姑父一家三口也来中国过年，不过这得保密，只有在机场接人时才让他知道。

通过这两件事，我学会了一种与孩子交往、解决一些问题的方式方法——愿望交换。

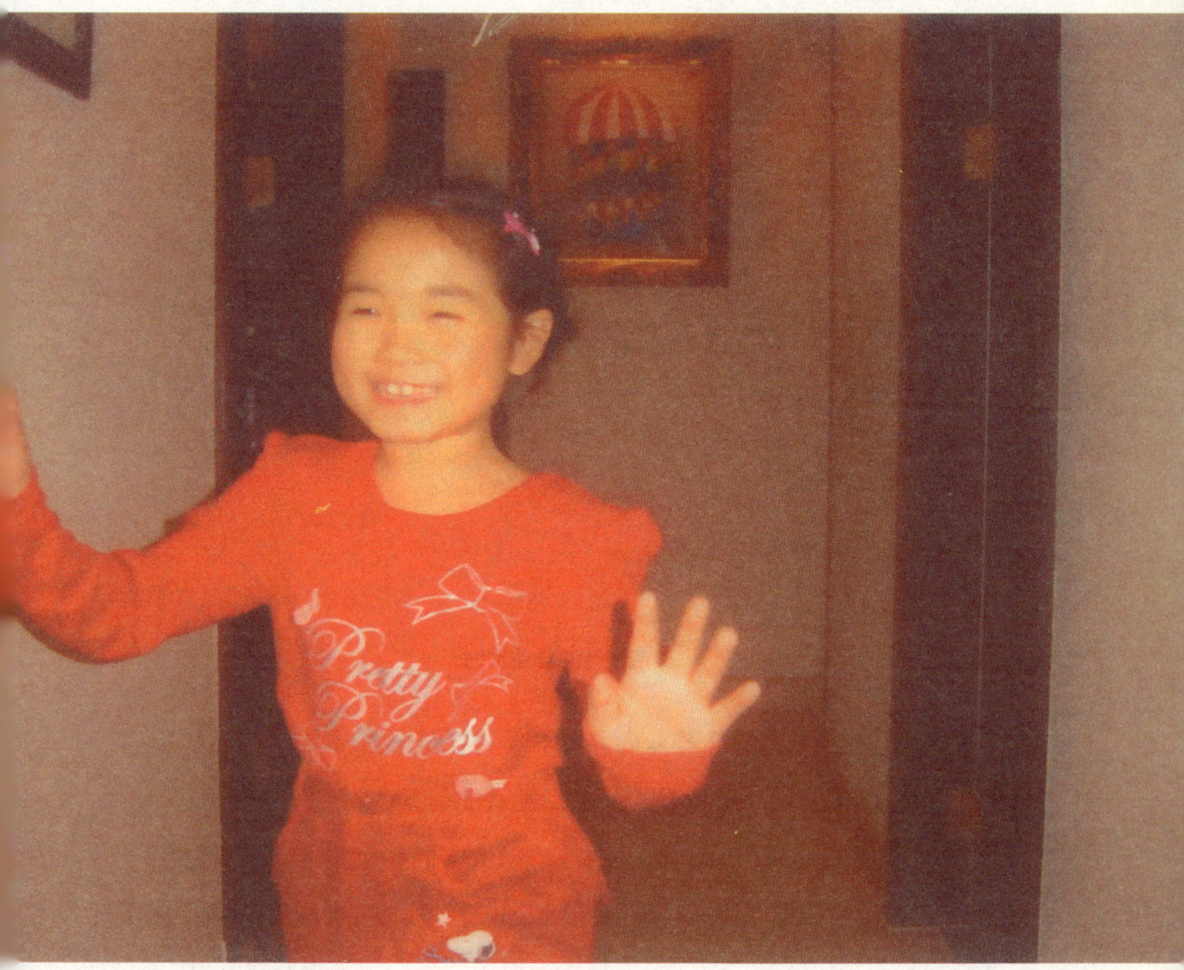

如愿以偿的美奈

2007年5月26日　星期六

作业太多了

——烧掉作业的小志

周一到周四住校，周五放学后才回家。

今天是周六，拿出书包写作业时，才发现小志昨天放学回家后就把周末作业、卷子、记录本全烧了，理由是上班的大人周末都休息，为什么上学的小孩周末休息还要写作业？！而且好不容易回家住两天，还要用那么多时间写作业，作业太多了！

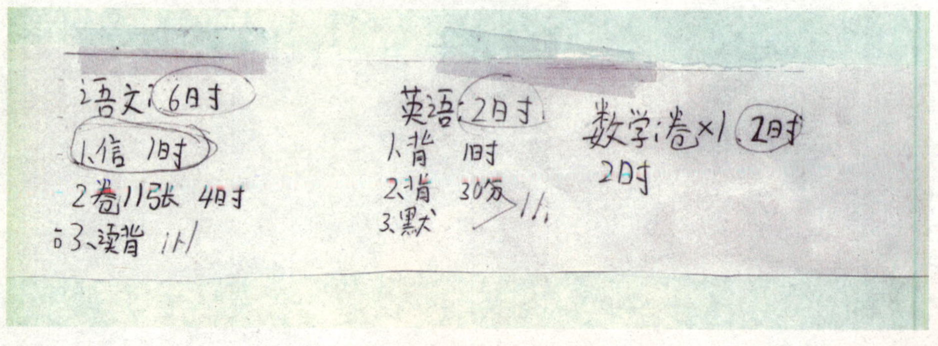

美奈统计的作业用时

我无奈地把美奈的周末作业内容复印给小志，但他根本无法静下心来。美奈也嫌作业太多，但她静观小志。小志写，她就能静下心来认真写，小志不写，她也不写。我得先按住小志才行。可是小志被太多的作业压得烦躁不安，一会儿跑厕所，把卫生纸拖一地；一会儿去喝水，把所有杯子都装满水，摆成一排，水溢了一地；衣服湿了去换衣服，换掉的衣服丢一地……我都看在眼里，不理他。他刚坐下，美奈也有了同样的行为。两个孩子像商量好了一样进进出出。

我知道由着他们根本无法坐下去完成作业，又气又急，脾气终于爆发了。

我摸起桌上的塑料笔筒，愤怒地摔向保险柜，笔和笔筒碎片撒了一地。我又把小志的数学书重重地摔在书桌上，我使出全部的力气希望摔碎一切。书没碎，但食指重重地碰到桌面上，马上就红肿起来，疼得我直蹦。我愤怒得失控了，恨不得踢飞眼前的书桌、墙壁以及吓老实了的小志，但我踢不动，怒气冲冲地抓起散落一桌的作业、卷子，撕得粉碎，摔到地上，我才气喘吁吁地停止抓狂，低着头对两个孩子命令道："出去！"

我默默地站着，看着眼前的景象，想着两个孩子真的是好不容易回家住两天，我和孩子一样，想和孩子好好玩，好好地过这宝贵的两天时光。可对于小学二年级的孩子，作业真的是太多了，隔在孩子和家长之间，完成也难，不完成更难。我为我的失态沮丧极了……

下午3：00，我突然决定带上美奈、小志，三人去乡下。该不该发生的都已发生了，我们现在能做的只有过好现在！

一到乡下，我们三人所有的坏心情一下子荡然无存。槐树花开得漫山遍野，浓浓的花香，让人心醉神迷。院内，五颜六色的芍药花开得灿烂、妩媚，莺尾花娇态可人，金鸡菊星星点点，在微风中摇曳，其他缤纷的小花也竞相开放在五月的新绿中，美不胜收。

美奈、小志先去看兔子，然后我们决定上山采槐树花。一是犒赏小兔子们，二是犒赏自己。胖阿姨说做槐树花饺子当晚餐，所以美奈、小志欢呼雀跃。

小志穿着短裤，小腿被槐树刺划伤、刺伤、扎伤，但却十分专注，一定要采满一筐。美奈细心挑选嫩的未开的花做我们的晚餐。当下山时，小志双手提着一大筐花顺着山坡往下跑去。美奈提着小筐，快步从山坡上走下去，在摇曳着绿叶和串串飘着花香的白色槐树花的映衬下，美得如同小仙女下凡，可爱极了。

一群兔子吃上了槐树花，我们吃上了香喷喷的槐树花饺子。晚上，我们三人躺在热炕上，两个孩子一人拿着一只小得只有我手掌大的小兔子玩。美奈把小兔子放在肚皮上，让小兔子行走，痒得她咯咯直笑。小志放肆地把小兔子放在脸上，真担心小兔子会把尿尿到他嘴里……

我感慨：学习时的小志像一个小“魔鬼”，学习之外的他像个小天使。问题不全在孩子，现行的学习方式剥夺了孩子们学习的兴趣，过量的作业毁了孩子完成作业的信心。

还好，两个孩子写出了不错的信，虽然他们只完成了所有作业当中的一项，但完成得非常出色！更重要的是，他们写出了他们真实的生活和快乐的感受。

2007年5月29日　星期二

停止住校

小志提出"住校"，我支持他。他住了三周又反悔了，我给他写了一封信，给他一个建议吧。

亲爱的小志：

妈妈一直惦记着你。这个周一你闹着不肯住校，比上周一还厉害。所以，妈妈一直不放心你。

小志，妈妈每天送你上学，接你放学，觉得很幸福，你也很快乐。

当初你提出住校，妈妈支持你。妈妈认为，上学是小志自己的事，怎么上学应该尊重你的选择。在住校期间，你表现得非常勇敢、懂事，老师夸你，妈妈为你自豪。你也体验了住校生活，这对你是一次很好的经历和锻炼，这是好事，你做得非常好。

现在，你要求不住校，妈妈没意见，但有一点你要明白：你想做的事，妈妈支持你，你应该做的事也要做好才行。

下面是妈妈的要求：

1. 每天放学回家，要最快、最好地完成作业；

2. 参加家庭学习小组；

3. 每天早上5：00钟起床，跟妈妈和哥哥一起跑步一小时。

你好好想一想，如果你能很好地接受妈妈的要求，住不住校的事，你自己决定，并把你的决定告诉老师，向老师说明不住校的原因。妈妈相信，你会认真思考，做出决定的。

妈妈周五接你时，听你的决定。

爱你的妈妈

2007年5月29日

追记：小志和美奈都停止了住校。

2007年7月15日　星期日

大人呐，都忘了自己曾经也是孩子

现在我在大阪的酒店里，小志和美奈睡在床上。我坐在写字台前，侧脸望着48楼下的大阪夜景，没有睡意……

明天台风4号就要到了，白天还下着大雨，可现在窗外夜色斑斓，如水洗过一样清透，感觉不到一点儿风的影子。

这一行，我和阳阳妈妈带着四个孩子，同行的人也和这天气一样多变。晚饭的餐桌上，小刚点的一份金枪鱼寿司不让克克吃，克克对着小刚在生闷气；小志躺在座位上，一只手着地撑着身子，窥视厨房；美奈不肯吃生鱼手卷（不蘸酱油根本没咸味的东西），绷着小脸说太咸；阳阳妈妈和大阪的朋友商定明天的行程。我看着我的六位同伴，俩俩一伙，把不足20个桌位的小店搅得如同4号强台风困着的大阪一样人心惶惶……

第二天游海游馆，小美奈带着哭腔说："我看不见！"我吃了一惊，这也要哭，真是女孩子！

我非常认真地看着她说："美奈，你给我一个大棒子，我把水槽前的人统统打倒。你一个人站到他们身上去看，好不好？"美奈止住眼眶里的泪水摇头。

我说："好，那你从人群的空隙间钻到小志那里去！"美奈二话没说，头已经钻到人们的胳膊肘下面去了，不一会儿就钻到小志身边，终于看到了水槽里的海洋生物。

小刚不肯和我们合影留念，我心里一直很遗憾。照片出来后，我以小志闭一只眼为由，想拉着小刚再照一张，但小刚仍不参加，小志照得比上一张更糟。这张纪念照永远留着遗憾，看到小志的苦相，我就能想起空位的小刚。

从海游馆出来，四个孩子又少了一个克克，我又跑回去找克克。

晚上10：30，克克站在我门口，他不能决定是在我的房间跟小志、美奈睡好，还是去隔壁跟小刚睡好。我问他，他就说："不知道。"若不问就可怜巴巴地看着我不动。我只好把他送到小刚的屋里，交待给小刚。

还没等我上床，小美奈掉到了床下，头碰在床头柜上，她坐在地上不肯起来，眼看就要哭了。我说："柜子是碰坏了！让我摸摸你的头吧，你的头没坏，咱们就上床睡觉。"她乖乖地爬上床，我认真地按揉她的头，她舒展开小脸，静静地睡着了。

回到东京，我听到孩子妈妈们太多的意见和抱怨：孩子们没教养、不守规矩、行为不得体……

我生气地回敬了那些家长：

你想让孩子们怎样？像那些坐在轮椅上的智障儿童？像你们那样彬彬有礼？还是像木讷的老头老太太？理解他们吧！他们不过是七八岁的孩子。既没干伤天害理的事情，也没有伤风败俗的行为，像个孩子有什么错？大人呐，都忘了自己曾经也是孩子！

游览大阪影视城（前排左起：小志、美奈，后排左起：小刚、二姨、克克）

在海游馆（前排左起：美奈、小志，后排左起：克克、二姨）

2007年7月23日　星期一

小志的烦恼

小志坐在我卧室的躺椅上，很苦恼地对我说："我有件心事一直搞不明白。"

我听了暗吃一惊，问："什么心事？说出来听听。"

"有两个人需要同情，我不知道该帮助谁好。"

我问："哪两个人？"

"卖'饮乐多'①的人和卖鞭炮的人。"他知道我听不懂又说：

"卖'饮乐多'的人一直盯着我看，希望我能买；卖鞭炮的人也看着我，希望我能买。我买了这个人的，那个人看着我，就怪你不让我两个人的都买。他们看我，让我很不安。"

我笑了，一是孩子长大了，对周围的事物有自己的认识了；二是他的恻隐之心非常可贵。我说："的确，你没买东西，做生意的人赚不到钱，但他们也不是吃不上饭的人。世上有很多没有家的人、没饭吃的人、没有亲人的人等，有非常多的人需要帮助。"

"那我怎么才能帮助他们呢？"小志认真地问。

"你能帮助他们。你不是还省下你的零用钱帮助过换肾的人吗？先有这份心就非常重要，再尽力而为。长大了都别忘记帮助需要帮助的人，你才能成为负责任的男人，对社会有用的人。如果你能帮助天下更多的人，你就能成为伟大的人。"

① 一种饮料。

“那么长时间，太远了，我只看到他们两个人，而且我也没那么多钱。”他又说道。

“所以你要学习各种能力，钱能帮助的人是有限的，能力才是无限的。”我觉得自己说的话让一个八岁的孩子理解起来有点难。

“好了，我决定了，一天买一样。周一买‘饮乐多’，周二买鞭炮。多亏学校门口没那么多卖东西的。”他解决了问题似的，起身离座走了，把我丢在那儿。

我傻了好一会儿，才回过神来。

在东京动物园里的小志

2007年8月20日　星期一

乡下“游泳池”

在乡下房子的后院，一棵30多年树龄的杏树旁，留有一块空地，两年不耕种，留给美奈、小志。美奈、小志往地下挖，挖得像一个池塘。要是他们准备养几条鱼什么的还不奇怪，偏偏他们要把它修成游泳池，灌进水，完全是一个“小泥塘”泳池。

有一天，小志扒光衣服跳进去“游泳”，羞得美奈一声声地尖叫，“二姨！二姨！”跑来拉我去看。小志又白又胖的皮肤在泥塘里像小白猪一样打滚，然后再从猪都能爬出来的小泥塘里爬出来，全身泥浆，像野人一样，在地里到处跑。引得所有的人都跑出来，哈哈大笑，整个院子响起冲天的笑声。他一会儿躲闪到花丛，一会儿躲到树后，玩大了，忘乎所以，一屁股坐到满是蔷薇的墙上，屁股不是扎伤，就是划伤。为了救他，哥哥们争先恐后抱起水管，把水龙头开最大，像消防员灭火似地向小志急喷……

在乡下点燃篝火的小志

2007年8月28日　星期二

你更年期，我还青春期呢！

当小刚怒目圆睁地站在隔桌而坐的我面前，盯着我歇斯底里地吼出这句话时，我被惊呆了，眼睁睁地看着他。为了不让我看到他流出的泪，他愤怒地扭头冲出我的卧室……我僵直地坐在椅子上。

今天白天的事，还历历在目。事情的原由是因为倒掉了饮料。暑假结束，从东京回大连。在成田机场，小刚提议每人把剩余的日元用来买饮料，带回大连去共享。可回来后他独占了全部饮料，弄得我整天给他们派分饮料。我找他谈，他满嘴是理，我一气之下命令孩子们倒掉了所有从日本带回来的饮料，那可是孩子们乘车、乘机，千里之外背回来的最喜欢的日本饮料。

时间已是凌晨了，小刚还在生我的气，我睡不着，他也没睡，而且我让他很难过。是啊，更年期也好，青春期也好，是放纵行为的理由吗？我要到乡下静静心，好好地思考这个问题。

我写了两个留言条，一个放在我书桌上给小刚：

“小刚，二姨去乡下住两天，请你帮杨阿姨带弟弟、妹妹们。”

另一个留言条放到餐桌上，留给杨阿姨：

“杨姐，我去乡下住两天，孩子们就拜托你了。”

我深更半夜地带上狗溜出家门，到距家50公里开外的乡下去。双向四车道的国道上几乎没有车，我的心里竟如同这夜一般满满的黑色。我的脑海里全是小刚的话：“你更年期，我还青春期呢！”我的眼前全是他含泪冲出去的特写……我忆起今天大发雷霆时，小刚坐在床边无奈地生闷气，几个小孩无奈地、溜溜地把饮料倒进下水道。我后悔莫及，泪静悄悄地流了下来……

我的车灯灯光划破了没有一丝光亮的小村子，惊醒的狗大声地狂叫着，一声接着一声。我敲开自家的大门，把车开进院，狗在我之前跑进屋。陪我母亲的保姆胖阿姨关上大门跟进屋，仰着脸吃惊地问："这么晚，你一个人走这么荒的路，不害怕吗？"我上身前倾，靠近她问："你看我的样子，是我怕鬼呢，还是鬼怕我？"这个整天嘻嘻哈哈的胖阿姨回了一句："我是怕你了。"弯腰拍拍对她摇头摆尾的狗，直起身来又问："要我帮你做什么吗？"我说："不用了。我自己来就行，你先去睡吧。"我决定就睡在客厅的沙发上，狗趴在沙发前。关掉灯，睡觉！这是今天的最后一件事。

翌日早5:00，我起身走出门外，这里有开门见山的好风景。不足30户人家的小村子，三面环山，一面临海，在八月的朝阳中你只能听到犬吠、鸟鸣声，美妙极了。

我心平气顺了好多，打扫干净庭院，又去地里拔草，脑子里想着更年期、青春期。想起杨姐，她已进入更年期，却没有一点更年期的表现，整天面带微笑，常常听到她爽朗的、感染人的笑声，头挨到枕头就能睡着……我曾问杨姐："我干活时，脑子里会不停地出现各种问题和想法。你呢？"杨姐说："拔草就只拔草，抓虫子就只管抓虫子，还能想什么，别一不留神，苗拔了，草留下了。脑、眼、手，要专注在一件事上，简单的动作要重复做下去。"

我试着静下心来，只拔草，做到脑、眼、手一致，我要求快、好，争取在太阳升起之前拔完这块地。手拔着这棵，眼找着下一棵，脑分辨着苗、草……进入到一种境界，融入到天地之间，我不存在了，我也是大自然的一部分……那感觉真好！

更年期——用杨姐的话说："又不是病，不用管它！"

对，就是这个理！

我停下拔草，跑回家。

在门口正碰上往出走的胖阿姨，她说："我正要找你呢，早饭好了。"

我说："不吃了，我回市里。"

坐在桌边的母亲说："你总是这样匆匆忙忙的。"

回城的路上，我的心情好极了。风吹飞了我的头发，吹去我一身的汗，吹散了我的烦恼。狗人模人样地坐在助手席上，一会儿又把头伸出车窗外，一会儿又缩回来，伸着长长的舌头，美美地看着我，像兜风似地惬意。

我满怀喜悦地跑回家，又在我的书桌上收到一张小刚的便条：

二姨，原谅我，一个发神经的中学生。

——小刚

之后，我们两人享受了一次"单独外餐"的机会（这是家里其他成员允许的，特定条件或特殊情况，我单独请一个孩子出外就餐、谈话）。就餐期间，首先，我非常真诚地承认我行为的粗暴，并为此道了歉。其次，我直截了当地说出我的想法：更年期也好，青春期也好，都不是精神病，也不好玩。从今以后，别拿这个说事！我和你都要调整自己，弱化情绪上的暗示。我相信，你和我都有掌控自己的能力。小刚听得很认真，沉思了一会儿，接受了我的建议。

我肯定地说："我相信你能说到做到。我也是，我们共勉。"

2007年12月27日　星期四

教自己的孩子更要讲究方法

陪小志完成作业，预习语文。然后他还算用心地练习读课文，但很吃劲。当家长检查时他要求让美奈先读，这是我不希望的。因为读书是小志的弱项，却是美奈的强项。拿弱项去比强项对他俩谁都不是明智的做法。我想美奈读完了，小志就没有勇气听自己读的课文了。但小志坚持让美奈先读。美奈读完后，小志不好意思地笑着承认："还是有距离的。"

"对，那就多读几遍。美奈读一遍就行了，你读五遍，就把差距拉平了。"我说。但他却干脆放弃了。

因两个孩子都没有学好识字，周一送孩子上学的路上，我让美奈读一遍，我几乎都能背下来，然后再教他们。没教以前，小志比美奈认识的字多；教以后美奈都会了，小志却越学越不会，越学越烦躁，最后暴跳如雷。我很生气，便冲小志发火，使他安静下来。美奈沾沾自喜，小志却流泪了。不会的还是不会，但是到学校了。

我记得，周日美奈妈妈（她来中国陪美奈过圣诞节）带美奈学习。美奈哭丧着脸，妈妈说一句她写一句，作文写了一个小时还没写完。还有表演的一句台词要记，美奈流着泪说："记不住。"英语练习就更不用说了……

我让美奈妈妈走开，坐在她旁边，启发她把作文结尾。然后把几个孩子都叫来，分担角色，演了一遍，她很快就背下台词了。我说："老师把最难最长的一句台词给美奈，说明老师相信你能做好。你看，你很容易就做好了。"她笑得很开心。她妈妈在一边偷看着，听她咯咯的笑声，也笑了。接下来，阳阳带她去学习英语，状态非常好。

经历这些事情，我问自己：到底是自己的孩子自己带不了呢，还是教育方法问题？现在我认为方法更重要！

2008年2月4日　星期一

交换日记

在家庭会议上，我讲述了如下内容：

在你们的成长过程中，有时候你们会认为自己很对，家长跟你们讲太多的道理，只会让你们反感。家长不吝言辞地说教，用你们的话说，“你们有失聪功能，或者说有闭聪功能。”家长说出王道来，你们也听不进去；或者你们表面上洗耳恭听似地，实际上左耳听，右耳冒。

为了不互相浪费时间、精力，不互相折磨，而我又感觉沟通难或者要失控时，就改用交换日记的方式。这种方式简单明了，不翻旧账，就事论事，不冒犯你们的短处，留给彼此反省的时间和空间，也给解决问题留有余地。尊重你们的自尊心和面子，我想你们都会因领情而变得通情达理，并能很快达成沟通目的。

交换日记是我与你们沟通交流的一种方式。

阳阳是这样认为的：

二姨，我认为写交换日记可达到以下的目的：

1. 可以彼此了解对方；

2. 可以提高我的日记水平；

3. 可以养成我天天写日记的习惯；

4. 督促自己把应该做好的事情做好，也就是对自己负责任。

2008年2月5日　星期二

交换日记一

阳阳：

现在是上午10：00，我还躺在床上打点滴，谢谢你帮我照顾家，给我烧水、倒茶，你尽了你作为小辈的孝心和责任。我的感激和欣慰难以言表，我会鼓励自己尽快好起来，和大家过一个愉快的春节。这个愿望光有不行，还需要我和你，还有其他成员共同努力。我们能做到！

阳阳，在餐桌上，你和小刚大打出手，我们所有人都看得目瞪口呆。我只制止了你，当着杨阿姨和弟弟、妹妹的面，到嘴边的话没说。在动武上，你占了小刚的便宜，但在人格上会给在座的每个人留下不太好的印象。你是否有勇气改变每个人对你的行为评价？我希望你这么做，对你有好处。那种行为不应该是一个16岁少女该有的行为。

我的外甥女让我在杨阿姨面前没面子，这是我的感受。说出来会伤你的自尊心，不说出来，不能治你的毛病。希望你成为一个可亲、可爱的外甥女。

我躺在床上给你和克克写交换日记。我会把它分放到你们的床头柜上，希望你们睁开眼睛就能看到，然后好好地过新的一天。

我努力尽到我的责任。今天是个好的开头，如果你在睡前能把日记放回我床头就更好了。谢谢你读它。

春节快乐！

爱你的二姨

阳阳和小刚

2008年2月5日　星期二

交换日记二

二姨：

好长时间没有写日记给别人看了，不知道该如何下笔。感谢二姨躺在病床上还给我写了这么多，我会接受二姨给我的建议，在以后的学习与生活中鞭策自己。

时间飞逝，又一年过去了。这一年里，无论是我也好，还是别人也好，都经历了很多很多的事情。我想责任就跟时间一样，随时都陪在我们身边，不同的是时间在不断地流逝，但责任却随着时间的流逝而增重。没错，人的一生要承担很多事情，有一些事会导致我们家败人亡，但有一些却会助我们一路顺风。

看人同样很重要。外表所表现得跟内心完全不一样的人有，在某一个人面前表现得和在大众面前表现不一样的人也有，区分他们很复杂，也很难，但如果多跟大家交流，那样就能比较真实地了解一个人。

二姨，如果想使教育人性化，那么你必须用人性化的方式去彻彻底底地了解那个人。

爱你的阳阳

2008年2月6日 星期三

交换日记三

阳阳：

你来大连过春节，我很高兴，希望你过得愉快。你知道吗？为了让你快乐，妈妈做出了牺牲。她要一个人过节，要忍受等待你的日子。

阳阳，人活着很不容易，每个人都有责任。拿我来说，对姥姥和姥爷，我是他们的女儿，我有做人女儿的责任；对小志，我有为人母亲的责任；对你们这些外甥外甥女，我有为人长辈的责任；对我的弟弟妹妹，我有为人姐姐的责任；对我的朋友，我有为人朋友的责任；还有对自己，要有做人的责任，还有很多很多……所以很累，我们真应该常问问自己：

我尽了为人之子之责吗？

我尽了为人父母之责吗？

我尽了为人长辈之责吗？

我尽了为人兄长之责吗？

我尽了为人朋友之责吗？

我尽了做人的责任吗？

我明白你信里有许多没有直言的东西，我在这里也只跟你谈到责任。负责任不是口号，也不是遥不可及。我们常常会遇到上卫生间时手纸只剩那么一点点，只够自己用的，自己用完后能想着再去添加就是负责任。自己用完不管了，就是不负责任，就这么一点点区别，这就是两种态度，两种人。不要把负责任挂在嘴上，要把负责任放在心里，体现在行为中。

二姨

2008年2月19日　星期二

交换日记四

亲爱的阳阳：

今天，我在打印机上发现了我们的没有你下文的交换日记。我又追加了这篇。

阳阳，我知道你想跟我说明：人是复杂的，很难表里如一。我很高兴你有这样的认识，不论人多么复杂都是我们无法把控的，但我知道我可以让自己成为什么样的人。

阳阳，你最后写道：二姨，如果你想使教育人性化，那么你必须用人性化的方式去彻彻底底先了解那个人。这句话富于哲理，但是谁都不能彻彻底底了解另一个人，难就难在人本身的复杂性、多变性上。但我有我的原则，不论人多么复杂，我只努力真诚地对待我周遭的人、事、物，让自己不复杂。

谢谢亲爱的阳阳，告诉你我喜欢你的这句话，并努力这么做。

2008年8月8日　星期五

做国王

二年级的新学期，小志在我的理想栏上填写道：我要当国王。

开学前他又犹豫了说："不行，我当不了国王。"

我说："你当得了。"

"不。你不是女王，我爸爸也不是国王。我也不是王子。所以我当不了国王。"

我说："从常理上来看，你好像是正确的。但是，在你个人的王国里，你就是你自己的国王。你的命运由你自己来决定，这是一种很强大的力量，它可以决定你做什么样的人。

你可以像一个国王，也可以像一个乞丐；可以像一个英雄，也可以像一个懦夫；可以像一个君子，也可以像一个无赖……你可以创造，在某个领域，比如像李嘉诚的商业帝国，比如比尔·盖茨的微软王国……创造一个王国！所以说你能当国王！

我不建议你改。因为你现在就是你自己的国王。"

他接受了！

2008年2月26日　星期二

善　良

1月21日是克克的生日，他妈妈送给他一盒精美又高级的日本水彩套盒作为生日礼物。小刚借后不还，引发了一个小冲突，我从中调节，竟引起克克对“善良”的思考，于是以作文的形式记录下来，耐人寻味。克克的作文：

善　良

“善良是人的本性，是人的美德。”每个人都有善良的一面。如果给人表现的机会，每个人都愿意表现得善良而不是邪恶。

有一次我的表哥看中了我妈妈送我的礼物——一盒日本水彩笔。表哥想占有它，而我只舍得借给他用，不想送给他，但当我看到小刚妈妈生气地批评他时，觉得是因为自己而引发的麻烦，就难过地哭了说：“别这样了，就给他吧。”

小刚妈妈拉着我对表哥说：“看看弟弟的善良，你还能强占他的礼物吗？”

过后，二姨对我说：“你是一个善良的好孩子，这让我非常喜欢你，但是善良助长恶行时就不是美德了。也许你还不懂这些，但要把它记在心里。”现在的我好像懂了，可又有点难，但我会把这些道理记住的。

小刚和克克

2008年7月16日 星期三

融洽的亲子关系

早8: 30的飞机，克克、小志、美奈三人先回东京，小刚因有两科结业考试，延期至20日。

昨晚打电话给阳阳妈妈，说起小刚的情况：放学，我把他接回来，他背着沉重的大书包，一只手帮我抱着一个口袋，一只手拿着两把扫把和一把撮子。乘电梯时，我对小刚说："到家后，你遛狗、洗衣服，我做饭。"小刚乖孩子似地认真地答应道："嗯。"同乘电梯的邻居微笑着说："不错！"也许他认为我和小刚是母子。他一直以羡慕的眼神目送我们下电梯，我们礼貌地道了再见，我为这种家人和睦也感到愉悦。

我和阳阳妈妈讲这些话时，小刚就趴在我书桌的对面，我有意让他听到他的行为被周围的人看在眼里。真情的赞赏，助他不断地形成良好的习惯和素养。

小刚、二姨和小志

2008年10月26日　星期日

给阳阳的信

阳阳：

你好吗？你身体怎样？还在坚持写日记吗？寄两篇给我看看吧。

我把小刚的两篇日记给你，让你看看他是怎么玩的，在学校是怎么过的。让我们也看看你是怎么玩的，怎么过的。

想念你的二姨

2008年10月26日

以下是小刚的两篇日记：

8月2日
星期日

佐渡岛四天三夜之旅(三)
——深海探险

新的一天又开始了，我们吃完饭后直接冲向海边，又叫舅妈生火，这次，我们(我、隆希、Lyouta)也和大家去深海，要抓大鱼、大田螺、大鲍鱼、大海胆。

我们拿了一个游泳艇，上面放着等工具，还可以装捕获的东西。

我们越游越离岸边远，看着深不见底的大海，我突然想起因全球温暖化，而日本各个海滩接二连三地发现鲨鱼、带毒的虹以及海豚等深海生物。我不由得哆嗦了几下，有些害怕，但大家都在，应该没什么，所以我又重整旗鼓，与大家游去。

在一个大礁石上，我们停下分工，我、Lyouta、舅舅、Sajma叔叔捞田螺，隆希找礁石上的乌龟的手，淳希与北见叔叔则抓鱼、海胆与鲍鱼。

我们大家找的找、游的游、捞的捞、抓的抓，大家都很认真。我们一组潜水到水下四五米处捞田螺，很累。抓鱼的跟着鱼游，也累。找乌龟的手的，挖出来很费劲，但大家都坚持不懈，归岸后发现有鲷鱼7条、彩色鱼5条、片口鱼3条、小青鱼拿网抓了40多条，田螺31个、鲍鱼1个、海胆11个，真可谓满载而归，我们大家吃得饱饱的，饱得都不想动。

真是满载而归、饱饱的一天。

(接四)

10月26日，
星期五.

不应该这样.

今天，是我值日，又因为有人要来本校检查，所以大部分人都在收拾卫生，有点像集体总动员。。

中午，我们还是从外面回来后继续值日，我找了李明宇一起擦大理石地，有了他的帮助，我很快干完了自己室外分担区，因为楼梯口与读书角值日人较多，地脏，我看时间还早，便去帮忙。我擦擦地上的水印，帮帮别人擦干地面，大约在半点左右，我回了教室。

在教室我见宿源还没睡觉，我便用拧干的抹布假装拧水吓唬她，这时，老师抱着一堆东西进入教室，顿时，我的心跳了起来，老师见到此情形，说了我一顿，说她想不到我会欺负宿源，说我看她宿源好欺负，说我惟恐天下不乱，说她还以为我文质彬彬，怎能干出这种事……

唉～我的在老师心中的光荣印象以一落千丈，谁叫我做了那么下流的事：竟拿抹布的脏水吓唬弱小的女生，以大欺小的事我从来不干，也不喜欢，但我在今天，在今天中午干了这么样的事，我为此事对宿源感到万分抱歉，我也保证我以后不能再干这样的事，我真的不应该这样。。

俗话说"恶有恶报"，我被老师罚了，擦教室内地面特别是前面，我擦得很认真，很干净，做了错事为别人多做点我的心也好受些。

我担心的事还是发生了：老师在大家面前公布了此事件，大家齐刷刷地看着我，令我难堪，毕竟谁让我做了这么不应该做的事呢？

借此教育大家，别无他意！[①]

① 老师的批语。

2008年10月30日　星期四

不肯一个人睡觉

为了解决小志不肯一个人睡的问题，我想在没找到缘由之前，须陪他睡，直到找到解决问题的办法。

6日，我把上下床移到我的卧室，美奈睡觉一点动静都没有，住上铺，我睡中铺，小志有夜惊住下铺，像硬卧车厢，感觉很不错。

7日晚上，我后半夜有点咳嗽，咳醒后，喝了口床边备的枇杷膏。我刚躺下，小志醒了，麻利地蹦下床问："你怎么了？"

"有点咳嗽。"

"吵醒我了，喝杯水，睡觉吧。"他像大人的口气一样，说完又利落地上床倒头就睡着了。

……

快亮天时，他惊夜，又把我吵醒。我打开灯，他正坐在床上。我对他说："这回是你吵醒了我。"

他说："我上你床上睡吧？"

我说："得，你还是在你自己的床上睡吧。我们现在不是在同一个房间睡吗？"

他听了，倒头又睡了。

今天是第五天了，这个方法的确是暂时解决了小志睡觉的问题了。

2008年11月11日 星期二

接受你的孩子

从哈尔滨回到大连，我一直觉得应该给我的朋友亚丽写封信，把我看到的、想到的直言不讳地和她谈谈。

亚丽：

你好！

离开哈尔滨，我一直觉得应该给你写封信。

在我见到你之前，我就听阳阳妈妈说你因孩子问题而困惑。我在这里只谈谈母亲和孩子的事及我的一点想法：

我孩子在一岁半时，因异物呛进肺，在东京儿童医院（此医院是日本疑难病儿童集中的地方）做手术。与我孩子同病房的，是一个十来岁的先天畸形的植物人女孩。隔着一层纱帘，插在她身上的各种各样的管子，发出咕噜咕噜的声音，这就是她生命迹象的体征。每天上午10：00，就有一位30多岁的女人来探病，她漂亮、从容，身材修长，衣着优雅。每当她推开病房门时，她温柔的声音、温柔的笑容也同时到了。

“爱子（女孩的名字），妈妈来看你了。”她倾着上身，歪着头，与女孩面对面说：

“看你今天的样子不错。今天外面有风，我戴了这顶帽子。是去年戴过的，你还记得吗？”

那是一顶米色的镶花的小毡帽。她边说边往外推女孩的病床。我起身帮忙。我看到女孩插着各种胶管，苍白的、扭曲的、狰狞的小脸上，好像泛着微笑，她的眼神好像有奇迹要发生。

“好了。我们去散步了。”她说。

我恭敬地站在一旁，目送她们出门。她礼貌地向我点头示谢，仍旧前倾着上身，仍旧那么温和地笑着。望着远去的病床和推着病床的背影，我想了很多很多……

我从护士那里知道，12年来，她一直这样，每天如此。

我是2000年8月带孩子们回中国学习的。到如今也有8年多了。五个孩子磨炼了我，我不再为孩子们的事困惑，而是积极地面对，寻求解决的方法。

每个孩子都有每个孩子的问题：心理的、生理的、性格的……但不论是哪方面的，你只要用一种解决问题的方法就行。例如，孩子发烧了，我们首先判断出孩子是生病了，那么我们就会带孩子去可靠的医院，找医生给孩子确诊、治疗。孩子也知道自己生病了，而配合治疗。家长也会体贴入微地护理。这是很正确的解决问题的方法。

可是，一旦孩子思想行为上出现问题时，家长却不能像对待孩子生理上出现问题时那样，而是抱怨，不再有关怀和理解，这样就会产生问题了。

我认为家长更应重视孩子思想行为上的问题，并能用对待孩子感冒发烧的态度，找最好、最有效的方法正确面对和解决问题。

在酒店门前第一次见到你的孩子时，我明白你的困惑不少，但我发现有些问题在于你，问题就在于你还没能真实地面对和接受你的孩子。在他一再强调你约错了地点时，你本该向他道歉，而你却一再想让他明白圣龙酒店的入口与圣龙餐厅的入口没有多大差别。

但事实上对他来说有差别。对一个母亲来说，承认自己错了，真的很难吗？

点餐时，你孩子点一个你否一个，是你，还没给你19岁的孩子独立的人格。即使满桌的山珍海味，他只想吃一碗面，那是他的需求，不是你的。他想吃什么，不该由你来做主。无论什么样的孩子，家长都不该剥夺他们学习为自己做主的机会。作为家长，我们希望孩子什么样不行，我们的责任是帮助他们成为“他们”的样子。这不以家长的意志为转移。

我们是30年前的同学，请接受我还像年少时那样和你说话。

亚丽，像所有幸运和不幸的母亲那样，用我们最真实、最真切、最平凡、最从容的母爱，接受和爱我们的孩子，你就能找到属于你的幸福。

此致

安好！

艳丽草书

2008年11月11日于大连

艳丽：

你好！

见信如见友。感谢你对我的帮助，我被这封信深深地感动了，看到了一位伟大的母亲。然而，我做了20年母亲，却没有真实接受过我的孩子。

我对孩子只有要求和命令，艳丽你说得太对了，是我孩子的成长教育了我，使我明白了些问题，我常常反省、自责、内疚，但这都不能解决问题，是你启发了我。

艳丽，你说得好，孩子的问题，就用对待孩子感冒发烧的态度，承认问题，找最好最有效的解决问题的方法，正确面对。

艳丽，你观察力强，对待问题，你能用耐心、细心、爱心，用心去分析解决。我要好好向你学习。7月份我和孩子一定安排时间去你那里玩。

艳丽，谢谢你！

保重！

亚丽　草书

2008年12月12日晚

2009年2月17日 星期三

孩子们做力所能及的家务

杨阿姨休息，新保姆还不能全部承担家务，孩子们就主动做力所能及的活儿，帮助我，体贴我。

晚上，读书活动后，我准备小刚办签证的资料，小志帮我拉出床，把被对折着整齐地铺在床上。我笑着说：“被应该展开铺而不是对折铺。”他听了，头也不抬地说：“我以前就看你这么铺过。”美奈替我灌了一大瓶子热水放在被窝里暖被。阳阳则为我准备一个海参，一杯热开水，放在我的床头柜上。

孩子们做得那么主动、自然，说明他们爱我，我看在眼里，暖在心上，也让我更爱他们。

2009年1月25日　星期日

不想被人"片"的美奈

今天在火锅店吃饭，在座11人，我点了生吃老板鱼。

一条鲜活的大老板鱼，头、尾被架成半圆形放置在小碎冰块上，肉被片成一片片整齐地排列在自己的骨架上，瞪着圆溜溜的、永远合不上的眼睛。张着嘴，露着一排白生生细小的尖牙，偶尔合一下嘴，鼓一下鳃，不时地扑打一下尾巴……

鱼片快吃完了，鱼才停止挣扎。坐在我身边的美奈没吃，她对我说：

"这鱼真可怜，眼看着自己的肉一片一片地被人吃掉。"

在座的11人，也许是我惊叹鱼的生命力比人强，让美奈有了上述的想法？不论是因为什么，一个8岁的孩子有这样的观察和想法，还是让我觉得不同寻常。

随后她又说了一句：

"我可不想被别人骗（片）。"

我不知道她是用的哪个"pian"，但是她有太多负面的想法，负面想法常常束缚她。有竞争、有输赢的游戏她都不参与，连"剪刀、石头、布"她都不去玩，从不尝试，从不冒险，甚至她相信言多必失，所以从不多说话。

不想被“片”的美奈

2009年3月1日　星期日

用信换取零用钱

当我在当月的家庭会议上一提出这个想法时，在座的人不论大小，都一片嘘声："唉……"

有人问："为什么要用写信的方式来换取零用钱？

这是一个好问题！我应该向你们五位说明白点：

1. 我的"用信换零用钱"的初衷是让你们写信给父母，沟通感情，写给我也好，我希望听到你们心里的声音。

2. 生活中钱不能自动走进我们的口袋里，我们必须为它付出脑力或体力劳动，把它赚进我们的口袋里。

3. 当你们用信换到钱时，我想你们不会认为花父母的钱是理所当然的，你们在信中会找到拿它、用它的理由。

4. 你们在写信时，能客观地反思自己一个月的行为，肯定做得好的，反省和修正不足的。

要想拿到当月的零用钱，必须这么做，这件事不民主，是我决定的。

阳阳的信

二姨：

一直以来都想对你说点什么，这个机会对我来说真的很好。

我们在前往深圳的飞机上，明媚的阳光给了我很大的启示。

升学半个月了，我自认为投入了比上学期多一倍的精力，再次为自己打气，开始了新的学习旅程。

我知道自己的弱项，可是在这个学期中，我想为了“周恩来”班的目标，再拼一次。不知道从什么时候开始，自尊心对我来说越来越重要，自己不再甘心落后于别人，所以我投入了更多的时间和精力。可是不知道为什么，有时候自己得到的结果和我投入时预想的结果总是差距很大。每当这时，看见二姨，看见弟弟妹妹们，心里又滋生出一丝丝暖意。

自从四年前离开大连开始，我逐渐明白了家人的重要性。在北京看着晶晶阿姨他们一家是那么地幸福，总觉得自己格格不入。看着他们灿烂的笑容，我也在笑，可是会从心底感到一种孤独。所以，以前一家人围坐在餐桌前边吃边说笑的开心画面，都是我今后最珍贵的回忆。

所以，二姨，谢谢你让我再一次回到你们身边，让我再一次体会到家的温馨。在这两年里，我会记得无论发生了什么，我都还在一个安全温暖的港湾，这里的每一个人都会关心我，真心地祝福我。我将不再孤独，不用一个人去承受一切。

信写得很乱。一点思路都没有，是因为自己有太多的话要说，东扯一句，西扯一句，就成了这样，不好意思！

爱您的外甥女

2009年3月5日于飞机

东京街头（前排左起：小志、克克，后排左起：阳阳、小刚）

小刚的信

二姨：

这个月给你添了很多麻烦，又是手机，又是生病，不过你对于一个半神经病的中学生的毅力，令我感激不尽。

至于我的学习，我会努力考个好成绩，学习为本嘛！

最后，有一个希望，希望在周末我理化实验加试时去乡下，一是让你放松，有助于你的健康；二是也可以让我放松一些。

谢谢！

小刚

2009年3月20日

暑期在日本的小刚

克克的信

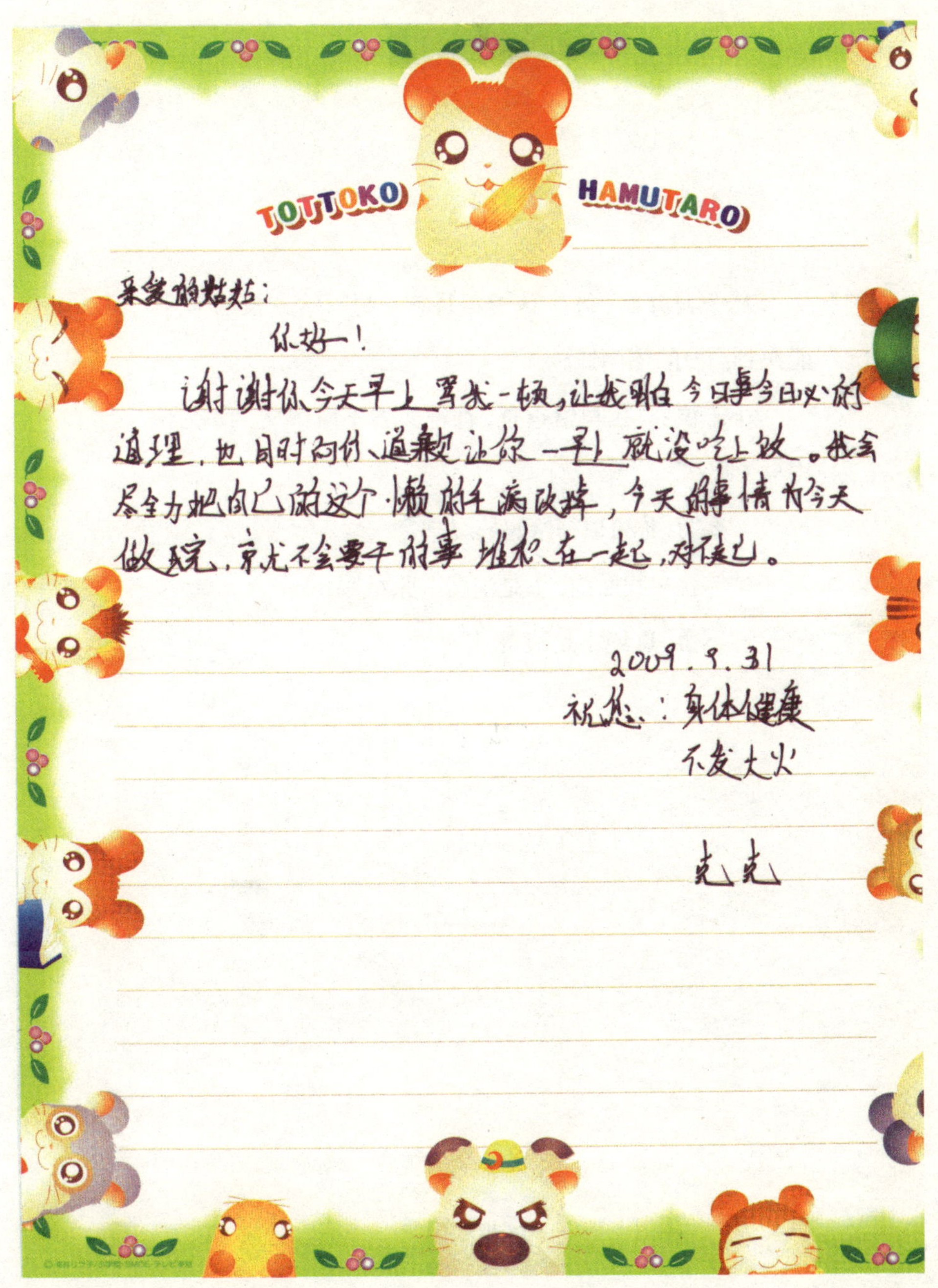

亲爱的姑姑：

你好！

谢谢你今天早上骂我一顿，让我明白今日事今日必的道理，也同时向你道歉，让你一早上就没吃上饭。我会尽全力把自己的这个懒的毛病改掉，今天的事情在今天做完，就不会要干的事堆积在一起，对吧。

2009.9.31

祝您：身体健康

不发大火

克克

从三月开始，每个孩子每月拿一封写给家长的信才能换到当月的零用钱。

小志说："我写给爸爸，爸爸又看不懂中文，我就不用写了吧？"

"要写，你可以写给妈妈。"

"你就在我面前，不是浪费一张纸吗？"

"不会，这绝不是浪费。"

小志的信

まめぴょん 妈妈收

祝你健康向上，长生不老!

福

我会尽量快一点写作业，让你多休息一会这对你也有好处!完

小志用这封信换走了100元零用钱!

美奈的信

妈妈:

您好!

大连快到夏天了,东京是不是已经很热了?爸爸怕热,妈妈怕冷,你们又开始抢空调的遥控器了吧?

天气好了,周五一放学,二姨就把我们五个装了一车,拉到乡下去了。

我们在乡下养了一大群兔子,前些日子,一只母兔子生了九只小兔子。今天去看时已经长出了雪白的毛。

我们在它们的窝里放了一个木屋,它们在木屋下面挖了一个大洞,小兔子都在下面,我让二姨帮我把木屋抬起来,把小兔子一只一只抓起来放到纸盒里。

我和小志看电视时一人抱一只兔子,小兔子用爪子一点一点往上爬。

它们睡觉时都趴在一起睡,你都看不出来到底有几只兔子,从远处看,它们就像一个个小雪球在地上滚来滚去。

当然我也很敬佩它们的妈妈,自己带这么多孩子肯定很辛苦。

我们村里还有猫呢。

希望它们快点长大,等着我去和它们玩!

妈妈,你和爸爸暑假能来大连吗?来的话一定带你们去看小兔子。我想你们也会喜欢的。

好了，今天我写得够多的了。代我译给爸爸听，并问候爸爸。

再见！

女儿　美奈

2009年3月

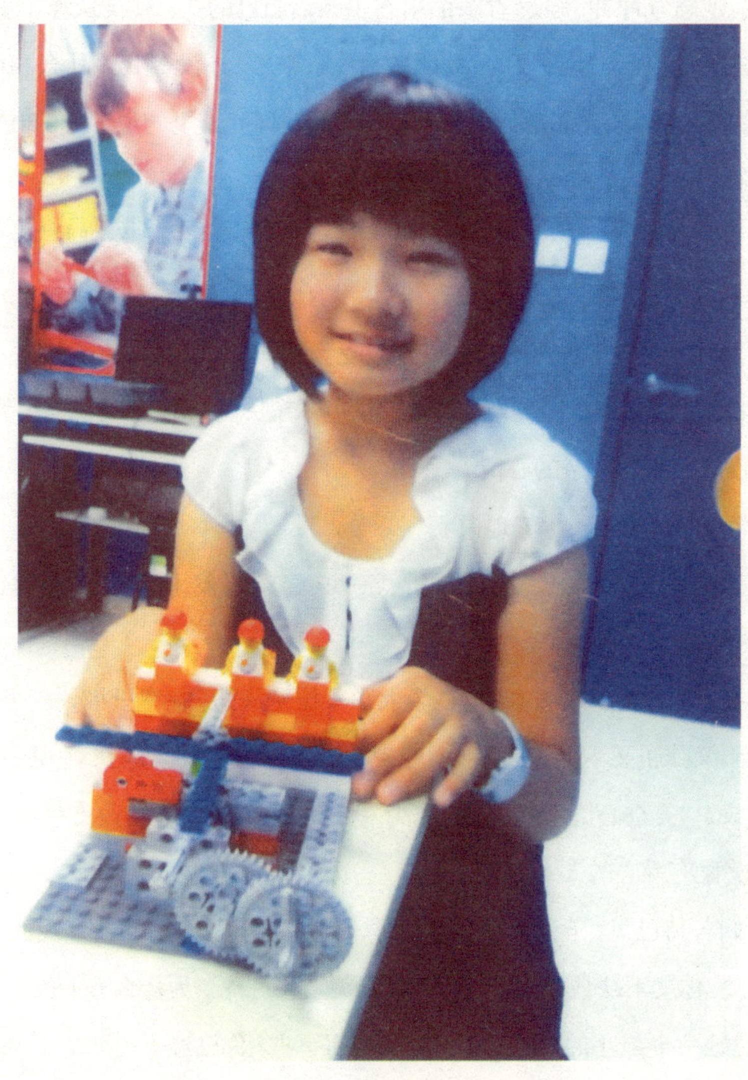

美奈完成了拼装模型

2009年4月1日　星期三

学习接纳、善待不同性格的人

3月29日，我和阳阳妈妈带五个孩子去剪头发。美奈对自己的新发型非常不满意。她怒气冲冲，强忍着眼泪用右手指着自己的头，对我从鼻子里哼出："嗯，嗯。"凶巴巴、恶狠狠的。我明白她什么意思，还没等我说什么，我身边的阳阳妈妈生气地说："你是什么意思？谁也不是你肚子里的虫子，谁知道你想干什么？有话说话！"

美奈终于哭了，说："我不喜欢……"还是说不下去了。我赶紧领她去找她的理发师。我参与帮助改了改梳法，但并没有使美奈开心。

离开理发店，其他的孩子去买冰激凌。上了车其他四个孩子人手一个冰激凌大吃特吃，没有一个问美奈吃不吃。我边开车边觉得每个孩子都比美奈大，他们却没有人在意美奈的心情。

"很好吃吗？"我生气地说。

阳阳妈妈早已是忍无可忍，听我一说立刻爆发了："……没爱心，没同情心……"

我把小志、美奈送回家，把三个大孩子拉到海边，在车里批评三个大的。

阳阳又委屈又不服，小刚强词夺理，大声喊道："我问她了，她说不吃了。"

我说："美奈心情不好。你们谁买一个给她，她会吃，会改变情绪的。我们大人会奖励有爱心的人……"

我们各持己见，争论了一个半小时。阳阳妈妈说："我要教育我的孩子。阳阳你最大，你又不缺钱，为什么就不能给美奈买一个？为什么五个孩子，四个大的吃，就她一个最小的没有？你们也能咽得下去？你已经十七八岁了，我真为你害臊、寒心。"阳阳妈妈哭了。

我想：这件事情处理不好，三个大孩子会更加迁怒于美奈……就说：“谁都有谁那么做的理由，不论事由大小。说服人真的很难。我虽不能强迫你们喜欢谁，但是我希望你们成为更有教养、更通情达理的人！”

上述这件事搅扰了我们周末的心情。似乎没争论出是非曲直，但教训是有的。对五个孩子或多或少、或深刻或浅显都会有。后来从孩子们的行为中，我感觉到这场争论还是有意义的，他们已经开始关心他们的“小妹妹”了。我就是想让他们学会接纳、宽容、善待各种不同性格的人。

前排：小刚、阳阳，后排：二姨、克克

2009年4月5日　星期日

早　恋

恋爱是孩子们成长中必须经历的，没什么可怕、可禁的。经历过来的成年人，应该给又好奇又困惑的孩子们予以正确的恋爱教育，使孩子有美好的婚恋经历，这涉及到孩子一生的幸福。

阳阳小学毕业、升初中前的那个暑假，去天津一个月，参加减重夏令营，认识了一个浙江男孩，互有好感，两年后分手。但阳阳一直念念不忘，她也一直不静心，到了高一还受情感困惑而拖累学业。

当我和她妈妈得知她把从香港带回来的礼物寄给男孩后，我们觉得应该帮她了结此事。又因为她妈妈的态度过激，阳阳一人离开乡下回城。我送她去了长途汽车站，发了下面的短信：

阳阳，在汽车站你一个人很难过、很孤单地乘大巴回大连，我就一直惦记你。

没回音。我又打电话给她，从她的声音里我感受到她在很小心、很礼貌、很设防地接听我的电话。

我开诚布公地直接谈道："自从我和妈妈狠狠地教训你之后，一直很内疚，一直在反省。"

"我也有你这年龄时初恋的故事，执迷不悟要嫁给一个一起长大的男孩。不论父亲怎么反对、打骂，死活都要结婚。直到婚前看到结婚的同学的日子后，才突然醒悟，这不是我想要的生活。我发现我把恋爱结婚和生活分开了，当我看清楚结婚的终极是现实生活，而我看到的现实生活又绝不是我想要的。我明白了我选择结婚是不对的，于是我选择了终止。"

"你认为我的做法对不对？"

她低声答："对！"

"二姨现在很理解你，很同情你。"

电话那边的阳阳，听到了她最想听到的理解的话和同病相怜的故事，感激得声音哽咽了，我知道她也落泪了。

"我很担心你，把我对你做的事跟三姨说了，她把我批了一顿说，'你们都老了，把青春年少时的事都忘了，一点也不同情一个可怜孩子的心情，没深没浅地只知道批评。谁都可能经历这种事情，谁看都没有好结局。但当时的自己就不能理解不能自拔，没人能理解那种痛不欲生的感觉和困惑……再回头看，怎么都是一个傻！所以需要家长智慧的教育方法帮助孩子解决和超越。"

"我恨死自己了。以为只有自己这么蠢！"从她的声音里我能感到她解脱的快乐！

"男女感情的事很复杂，不是你这个年龄能理解的。处理不好，你这一辈子别说幸福了，只有愁苦！所以当家长的又急又气。"多少家长眼看着自己的孩子往火坑里窜，却爱莫能助。所以别怪我。"

"不会的，二姨。"阳阳真诚地说。

"阳阳，任何教训都是从人那里得来的。人们教训你，时常是很粗暴的，有时也会使你刻骨铭心。"

"我记住了。谢谢你，二姨。"阳阳又真诚又感激，又很快乐。

我说："记住，二姨今天教你一句话，做对的事情和把事情做对！"

2009年4月9日 星期四

参加第七届香港国际武术节

3月21日，我和也叫我二姨的孩子似地武术教练带领自家五个孩子和朋友的一个孩子一行8人，踏上了去香港参加武术大赛之旅。

早上8:00的飞机，由于深圳天气不好无法降落，转到宁波，傍晚才到深圳。深圳大雨，真是历经艰险，才入住酒店。吃晚饭时，才发现我们一行中有4人没有香港的入境通行证，又是晚上了，深圳武术协会想办法，当晚帮我们签到越南的签证，又预订到由香港到越南河内的机票，4人才取得进入香港的机会。

22日一早，我和教练带着六个孩子，每人又带着一大一小两件行李、各种各样的武术器械和武协发的三大纸箱大碗面，通过罗湖边检站时的场景，就像武侠片，像闯关东的电影镜头。

边检时，我们每个人手持或枪或棒，警官问：

“去越南干什么？”他翻看着阳阳的护照又说：“你还真没少走。”

游学过世界很多国家的阳阳说：“武术表演。”

我们这一行人“关”是过了，美奈却因在中国的签证过期而被卡住。我要去处理，阳阳说：“二姨，你别去，我是小孩，我去会简单些。”一会儿，她真的得意地把美奈领回来了。

在参赛前，我定了一个规定：不论谁第一个登台，绝不允许“惧场”。命运总是挑战我，一行8人中第一个登台的居然是我。在主会场的开幕式的同时，我在分会场登台表演。我只练了三个月的李小龙的双节棍，紧张的我都不记得是怎么登台的，脑子里全没了套路，完全自由发挥。连给我摄像的阳阳都惊呆了，一路下来，李小龙的双节棍演变成李艳丽的双节棍了。

我从场上下来，阳阳尴尬地问：“二姨，你打的是什么？你整天看李小龙

香港武术节载誉归来（前排左起：小志、美奈，中排左起：克克、教练、阳阳，后排左起：琦策、小刚）

的电影白看了，他要是看你打的所谓他的套路，他会哭。”我不知道裁判、评委怎么定，我只知道在这个项目中我这个年龄组里，我前后没人，最后，我获得一枚金牌，一张冠军证书和一个很牛气的奖品——本次大会的吉祥物。

我和阳阳高兴地连蹦带跳。坐上出租车，赶往主会场，把这个好消息传递给我们一行人，使他们个个斗志昂扬。几天的比赛下来，我们一行8人共获得：7枚金牌，2枚银牌，1枚铜牌和一个第四名。我们满载而归。

追记：香港武术比赛，在我们的人生中留下了珍贵的记忆和深远的影响。孩子们的证书，在以后的升学中都起到了意想不到的作用。

回来后，我分别写了几封信，给几个大孩子们。

阳阳、小刚、克克：

这次香港之行，我们虽历经困难，但在以后的人生中会温暖我们，鼓舞我们。还有我开始感激你们。

这之前，让我觉得你们还是不能放手的孩子，但这次的香港之行，突然间让我觉得你们长大了，你们开始照顾我了。这让我很感动。你们负责去银行换港币，去买手机卡，负责找香港特色的小吃。你们发现了我爱吃的蓝莓，每天都去买，临行前还要打包，店家说：“你们都买走，常来买的客人会很失望的。”你们惊讶于香港商人的经商道德。这让你们学习到很多。

更感谢你们的是你们几个大孩子的合作、承担精神，对小志、美奈的无微不至的关照。让我整个的心灵都洋溢着喜乐和爱。我爱你们！当然我更知道你们爱我。

二姨

2009年4月2日

小志上场前（小刚在指导，阳阳在录像）

琦策[①]：

辛苦了，但这次经历会成为我们一生中美好的回忆。

我很高兴跟你一起经历。你的表现跟你的名字会永远留在我的记忆里，直到我老得忘了你是谁。

过关的时候，你一手拖着行李，一只胳膊搭在小志的肩膀上，帮我带着他，像个兄长的样子。我好想拍张相，但真的不方便。我看在眼里，喜在心里；回程在香港大学站，我的行李箱上的大包老是掉，我落在最后，所有人都站在入口等我，只有你放下自己的行李，跑来接我；在香港酒店，我身体不舒服，你从餐厅跑回到我的房间取食品袋，帮我带回早餐……我真的好感动！

鸟儿在空中飞过没有留下翅膀的痕迹，但我们在人群中经过，必留下痕迹。好好为人，一定有人会记着你。

还有一个感谢是，你教会我做一件事：

教练把我们引荐给做裁判的他的父亲时，我介绍“这是我妹妹的女儿，这是我弟弟的儿子……”之后，你期待地看着我问：“二姨，我呢？”瞬间我懂得了，绝不能忽略孩子们的自我存在。我学会了如此介绍：“这是我表妹的儿子。”之后，你那么有礼貌地面带微笑地向老人家点头示意。

谢谢你！我感恩生命中有你！感念我们彼此拥有如此美好的回忆！

二姨

2009年4月2日

---

① 邻居的孩子，是小足球队成员。

获得奖牌的小志、美奈

2009年7月4日 星期六

小猫有思想吗?

今天,阿姨休息,我下厨。孩子们都跑到厨房帮忙。晚饭时,餐桌上只剩下我、小志和美奈三人边吃边聊。

美奈问:“二姨,如果能让你选择的话,你想做哪一种动物?”

我看着她笑着等待结果,就略加思考地说:

“我还希望做人。”

“为什么?”

“因为人有思想。”

“也许小鸟也有思想呢!”

“也许有。”我看着十分认真的美奈说:“但那只是猜想。可是作为人,肯定有思想。”

“那你说,为什么咱家窗下的猫妈妈,当她知道我和小志发现了她和她三只小猫的窝后,会马上把三只小猫搬走,害得我和小志找了一下午呢?”

美奈还不太愿意接受,我说:“也许你是对的。但现在科学研究表明,只有人类有思想。”

她不再说话了。

这个晚上,当我写日记记下这些对话时,我想不能就这样结束话题。于是我又把小志、美奈叫到我的书桌前,给他们读了我记下的上面的对话,他们俩边听边笑。

我问:“在我们人类看来,猫妈妈的行为是不是有思想的行为?”

俩人异口同声:“是!”

我问:“如果你们想什么,但你们不说,我能不能知道你们想什么?”

“不能。”

“怎么做能让我知道？”

美奈说：“说话。”

小志说：“是因为人有语言。”

我说：“对。”

美奈说：“也许猫的叫声就是语言，只是我们人类不懂。”

“是的。”我说：“它们的叫声也许是它们的语言，就像童话故事所解释的。所以你们要注意观察，也许你们俩能成为这方面的科学家。证明动物也有思想，也有它们自己的语言。”

开心时刻——美奈、小志与“亮亮”

2009年7月14日　星期二

偷上网吧！

手机、电脑、游戏机，是孩子们的所爱。好多孩子们把心思都用在这些东西上，被这些东西绑架了，甚至快着魔了。如何规避这些，几乎成了所有家长的高于衣食住行的大问题。

我们家，把手机、电脑、游戏机都做了严格的监管，并制定了适合孩子们的相关规定。

手机，晚8：00前，集中放到门厅处，到翌日早出门前禁用。

电脑或游戏机，周日玩两个小时。平时由家长管理密码控制电脑，游戏机玩完后由家长保管。

违反以上规定，不能获得以上的使用权。

因上述管控，再加上家里网速慢，7月11日晚饭后，我发现了17岁的阳阳，14岁的小刚，13岁的克克，三人偷偷去网吧的事实。

孩子们偷偷去网吧的事，不论是家长还是孩子，都知道这是家庭教育的大事，而且也知道它的严重性。处理好了，在刚开始时，就能让它很快地结束；处理不好，后患无穷。

这件事开始让我感到很震惊，我怎么也没想到我的孩子们，而且是三个孩子一起上网吧！！！

我知道问题的严重性，所以我非常冷静。在我没找到处理问题的最佳方法时，我是不动声色的。是病也先得养着，待我找到有效的治疗方法时，才动手治病救人。

所以，我非常淡定地面对三个孩子："上网吧已经是事实了，我只想知道你们为什么去？怎样才能不去？我要听实话。"

三个孩子经过认真思考，给我写了几封信，信中说明了上网吧的原因，探讨不再去网吧的办法。

二姨：

最近这一个月给你添了不少的麻烦，很对不起！这件事也让你失望了。回到大连，回到这里本来不想跟你添那么多的麻烦。这些本不是我的初衷。我很想做一个值得你们骄傲的孩子？可是现在原来我连一个人都不是。

就像二姨所说的那样，我作为姐姐应该负起姐姐的责任，但有的时候却很矛盾。怎样做才能够既让大人们满意，又让弟弟妹妹们开心真的很难，但两种相互矛盾时，我又不知道该倾向于哪面。这次去网吧的事，很对不起，我没有做到一个做姐姐该尽的责任。我不应该和他们去网吧，更不能让他们去网吧。但是有的时候想一想，我们要去网吧，实在是因为家里限制的太多了吧？但从上次去学校的路上谈完之后，我想了很久，本来想跟你说的，但一直都没想好，该怎样说。哪怕每周那样我们玩一两个小时也好，我们很希望能够上网。我知道你们担心我们会控制不了自己，其实我们完全可以的。

没错，二姨教育我们一直用一种与别人不同的方法，我也很感谢你，甚至感谢上帝让我们降临在这个家庭当中，我并没有想要欺骗你对我们的信任。也许我没有资格这样说，但是请二姨再相信我一次，我已经从中吸取了教训，我会好好地控制我自己，做到我该做的事，也在一旁帮助你，让我们付出最多努力，收到最大的成功效果。当然如果你不愿意相信我，我也会了解，但我会不断地努力，让你从我的行动当中，看到我的努力，并且恢复你对我的信任。很对不起，给你添了那么多的麻烦，不知道有没有让二姨是不是能够更宽容一下。

不过通过这件事情也让我知道了，原来18年来我在妈妈的眼里连个人都不是，只是个消费的工具吗？不知道我在二姨眼里又算是什么呢？

09.7.11.

二姨：

谢谢你的信，我从中明白了很多，也谢谢你今早的谈话，给了我很多的启示，所以我没有把这封回信写在下面，我想要保存二姨给我的回信。

正如二姨所说，如果我能换位思考就不会伤妈妈、伤二姨那么多。如果我能够再多坚持自己的想法，也不会有去网吧的这件事。

我应该负起全部的责任，因为我是这里最大的，无论是谁引起的也好，我都应该这么做。

我会确保自己不再去网吧（并此把卡交给二姨）。同时我也会好好地看管他们的。

平常的时候我会多帮二姨给带带美奈、小志，让你少操心。我确实也不想让二姨无时无刻地看着，这样对我们都不好，所以自今天开始无论做什么事情我都会记住去网吧的这件事，当做一个教训，让它提醒我。

如果可以的话，我愿意出一半的无线网卡的钱（全额实在是钱不够，所以用一半的钱来弥补一下自己的错），然后帮二姨买些一个好的网卡。同时我会好好遵守规则。

让你生气了，真的很对不起。我会时刻记住①做我自己，坚持自己对的想法②当与他人相处时要换位思考，站在不同的角度去看待问题，不能只凭自己的想法去做事。③要懂得克制自己。

当我想好了后，会好好的给妈妈写一封信，到时候还请二姨过目，麻烦了。

从这时开始，我会学着、努力着做一个好的姐姐，能够负起到带头作用的姐姐，而不是老给你添麻烦的姐姐。

我会努力让二姨的脸上多挂一些笑容，因为笑容是最适合二姨的。

真的很对不起，这段时间给你添了那么多的麻烦，我会好好的处理我和妈妈的事情，请二姨放心。

希望快乐可以无时无刻伴随着二姨！

阳

12-July-2009

二姨：

关于我骗你去网吧的事，万分抱歉：我也知道，你希望我们堂堂正正做事，不背着你做错事，但我又打破规矩了，真的很对不起。最近无论是房子，还是上课的事，耽误了你好长时间而我还不理解，给你添麻烦，很不懂事。

对于上网的措施如下：

①保证再也不去。

②本月给你写这封信，零花钱就不要了，当作惩罚。（钱对我用处很大，这个处罚对我而言相当强的）。

③我会在回日本前多帮你看着点小志，分担一下。

如果这些还不够，那就再商量，毕竟，任我都不喜欢一个人像囚犯一样被控制，希望你能谅解我。小孩犯错误也是不可避免的，对于你的付出，借《出师表》中一句——不知所言。

对于周日，我希望出去玩，看如果你有安排，再说。

去骑车。

我对天发誓，不再骗你，不再犯法!! 否则，我遭雷劈，走路踩狗粪，睡着被狗尿……

以后打电话改变个语气，希望你开心，放松一些。

我也会管管东东，帮助他。

——

刚。

七月份de信。

围绕着上网吧这件事，让我和孩子们重新整理了关于手机、电脑、游戏机的看法。就是这种时代，不可能杜绝孩子们使用电子产品。那么在孩子们还小的时候，管理是必要的。

规定还是规定，但要提高网速，让孩子们尽可能玩好规定的两个小时。让孩子们心悦诚服地接受规定。

通过这件事，孩子们明白了网吧不是他们该去的地方。而我也学会，要合理地满足孩子们需求的必要性。

我都没想到，看似很严重的问题，只通过孩子们自我反省的几封信就很好地解决了。我认为责罚只是手段，不一定有理想的效果。人们常常会想：我已经受到责罚了，扯平了事。后果是不再反省和修正！我更认为教育的目的是使之反省！

所有的事，都不一定是坏事。生活中，发生了什么不重要，重要的是你怎么看待所发生的事！

小刚、克克、阳阳

三“网友”：克克、阳阳、小刚

2009年8月20日　星期四

承担自己行为的后果

美奈妈妈从日本来大连给美奈买了个白色笔记本电脑，同时送给小志一个黑色的笔记本电脑，小志第一次有了自己的电脑，非常高兴。

有一天，小志唉声叹气地找我帮忙，我问他怎么回事，他吞吞吐吐，我知道他有难言之隐，但我还是听明白了他的意图，原来克克用自己的旧电脑换走了他的新电脑，让我帮他找克克把电脑换回来。

我说："你们私下里做的交换，我不能干预，你应该自己想办法解决。"

有几次，周日玩电脑时，因电脑不好用，小志哭了鼻子，直到克克妈妈和小刚妈妈来，克克妈妈给克克买来了一台很酷的电脑，克克才把小志的电脑物归原主，小志才悲喜交加地向克克妈妈讲起这段"惨事"。克克被他妈妈教训了一顿，我也被小刚妈妈教训了一顿。

对克克与小志换电脑的事，我的处理方法是得当的。孩子们在家里做什么事，我是能干涉，能帮助解决问题，但离开家门，我不能帮他解决在社会上、生活中遇到的所有问题。

他自己做的事情、遇到的麻烦，一是自己想办法解决，二是承担后果。

2009年9月8日 星期二

爱像阳光

今天，我在这里追忆前几天发生的一件事。

小志对我说："我是你儿子，但我觉得你更多地关心别人。"

我觉得回答这个问题有点儿难，但是个好问题，就说："我一直觉得你是一个懂得分享的好孩子。"

小志说："分享？我想更多地得到母爱。因为爱是自私的。"

我说："分享爱和分享物质不同，比如我有100元钱，均分给你们五个，每人能得多少钱？"

"20元。"

"如果都给你呢？"

"对呀，我可以得100元。"

"没错，"我说："那我的爱不是100元钱。钱永远是有限的，但爱不是，爱是无限的！你爱的人越多越真诚，说明你是一个富有爱的真诚的人。我把他拉到鱼缸边说："如果我的爱是水，这个缸里只养你一条鱼，行不行？"

"行啊。"

"是行，但是如果我的爱是大海，大海里就你一条鱼，你看，那将多么乏味。我更希望我的爱是阳光。提出这样的问题，你要先看看：是不是你自己站到阴影里去了。聪明人是不会让自己站到阴影里的。爱是一个值得思考的好问题，你好好想想。我愿意和你再谈这个话题。"

小志说："不用了。我明白100元钱和阳光的区别了。"

小志用一只大螃蟹腿夹二姨的鼻子

2010年1月4日 星期一

回忆住校

昨晚睡前，不知怎么谈起了住校的事。

小志说："每天晚上我都哭。"

我大吃一惊："胡说！你们曲老师说你表现非常好，根本不像第一次住校的孩子。"

"真的。每晚躺在床上，我床的位置很好，就在窗户下。我可以看到对面宿舍楼墙壁上孤独地亮着一盏灯，一边想妈妈，一边流泪。我想如果在家，这时妈妈会在我身边给我读故事书，或放有声文学磁带。可在学校每晚只能听英语磁带，几乎是一样的，烦透了。我很想妈妈，想着哭着，就睡着了。"

我听了，也很难过。

我说："晚上夜深人静时，我也想过，孩子在学校现在在干什么呢？但我怎么也想不到你是望着对面宿舍的孤灯流着泪入睡的。"

美奈说："我也是，躺在床上偷着流泪，也想妈妈。"

我问："那别的孩子呢？"

美奈说："不知道。我哭也不让别的同学知道。也许他们哭也不让别人知道。不过我们班里有个男生是新来的，每天都哭，吵得别人都无法睡觉。"

"那怎么办呢？"我关切地问。

"不知道。我不住校了也没问过。"美奈说。

我说："你们应该很同情那些不喜欢住校又不得不住校的同学，不要当着他们的面表现出你很高兴地回家。"

小志说："哼，住校硬床、薄被，还有难以下咽的饭菜。"

我说："怎么会？起码你们的伙食大家都公认的好。"

孩子们都静下来后，我想，住校，美奈强烈地不愿意，阳阳妈妈横加干涉，让我很无奈。小志并没有反感，开始还很高兴能去住校，只是新鲜劲儿过了，才表示不愿意。

作为家长，有些事要从多方面了解孩子愿意和不愿意的理由，决不能武断，横加干涉孩子的意愿，那样会伤害孩子，有时会造成无法弥补的悔恨。就小学生住校而言，我始终认为，孩子的童年最好在家里度过，能不住校就别住校。

2010年1月30日　星期六

厕所谈话

昨晚临睡前，孩子们都聚在我的卧室里，我也觉得很兴奋，因为五个孩子都在。

美奈在忙着铺自己的床，往外拉床时我赶紧过去帮忙。一会儿发现美奈阴沉着小脸，厉声喊道："小志！"原来，美奈的被让小志踹到地上了，大叫小志是想让小志把被给捡起来。她的声音让大家都非常敏感。阳阳、克克马上动手去捡。就在阳阳拿被的瞬间，阳阳吃惊地问："美奈，你说什么？"我们所有的人也都跟着吃了一惊，齐刷刷地把目光聚到美奈身上，美奈慌忙矢口否认。

阳阳问："'你妈的'，你在骂谁？"

美奈理亏地反驳："没骂你。"

所有人又都把目光集中到我身上，用眼神在问："看你怎么办？"我沉着地问："美奈，女孩子怎么张口骂人呢？"

美奈倔强地一言不发，转身溜出卧室。

我想着该如何找美奈，并简单地跟阳阳妈妈说了事情的经过。阳阳妈妈说："先别理她，一会儿我和她谈谈。"此时，美奈正躲在卫生间里，我说："我去吧。"就敲门进去了。

美奈像是哭过了，坐在坐便器上。我双手抱臂，前倾着上身看着她说："小志把你的被弄到地上是他不对，阳阳、克克马上帮你，你还骂人。本来是小志不对，后来的结果却变成你不可理喻了。所有人都认为你讨人厌了。"

她哭了，点点头，说："我知道了。"

"你现在是这么想的吗？"我问。

她带着哭腔说："是的。"

“小志在咱家谁都知道他是最调皮捣蛋的，他的性格有时让我们烦，有时也带给我们欢笑。你的性格是做事认真，是好事，但反过来也过于计较，吃一点亏都不行，就不讨人喜欢了。你看克克善良、宽容，所有人都喜欢他。他学习并不是很好，却能当班长。学会宽容一点。你看，你过于计较，才会坐在这儿流泪，绝不会很愉快，对吧？”

美奈又点点头，紧绷的脸放松了些。

“我做不到，常常想报复。”美奈小心地说着。

我说：“不愉快的时候，谁都会有的。朋友带我去的美发店，理发师把我的头发烫成这么难看的样子。”

我边说边盘着腿坐在地上。抬头看着美奈又说：“小刚说我像个老太婆；小志说快去弄掉那些弯儿；克克说不如不弄，以前的样子好；你也说不烫这样的好。朋友眼泪都快下来了，因为是她领我去的。

总之，我也很生气，我也想选择报复她，也想找个人帮忙，去把她捆到椅子上，我把她的头发剪成阴阳头；或拿块大石头从玻璃门上扔进去，砸她的店……但你想想，如果我让你去帮忙，捆人或扔石头，你干吗？”

“不干。”美奈笑了，“太无聊了。”

“对。想到报复的结果，就更无聊了。如果我真的报复了，警察把我抓走，故意侵害人权，拘留15天，和各种犯罪的人关在一起，又可怕，又丢人，你们怎么看我？”

“不值得。”

“对，不值得！反过来想，谁让自己跑到不熟悉的店去弄头发呢，这么想就不只去怪别人了，也就能心平气和了。

还有，如果我发现你骗了我，你看我哪种态度比较好：一是去指责你“你骗我”；二是自我反省“我被骗了，以后要小心点美奈。”

美奈的脸舒展开了，也露出了笑容，说：“自我反省的好！”

我说："对呀！美奈的爸爸、妈妈不在身边，遇到不愉快的事要找人倾诉一下，你的心情就会好很多。二姨非常乐意倾听，当你的听众。虽然你现在长大了，有一些事不需要我做了，比如你肯定不让我帮你擦屁股。"美奈"扑哧"一声笑了。

我接着说："但你需要心灵上的知心人了。家长应该由保姆变成朋友了，应该指导你的思想、行为，就像现在一样。"

美奈已经忘掉了之前的不愉快，说："二姨，我会记住我们的'厕所谈话'的。"

放学回家的路上被哥哥们“欺负”得很享受的美奈

2010年2月1日　星期一

学钢琴

今天一大早，我正坐在书桌前写日记。美奈神秘兮兮地出现在我的书桌对面，露出难得一见的一张可爱的笑脸，低声说：

“二姨，我想和你谈件事。”

“说说看。”

“我不想再学钢琴了。”

“为什么？”

“不喜欢。”

“先别这么决定，明天我去见一下你的老师，让你学《小汤》，然后我和你一起学，如果你感兴趣了，就可以接着学，实在不感兴趣，咱们再和妈妈商量。”

美奈欣然同意了。

不过，我又要开始学钢琴了。我都不记得我是第几次为了陪一个孩子，和他一起同步学钢琴了。好在我喜欢钢琴。

二姨陪小刚练琴

2010年2月12日　星期五

移民家庭的团圆年

春节前，家里很忙。五个孩子的家长都要来中国和我们一起过年。再加上准备从黑龙江来的亲戚，将有22口人。

我忙着做准备。饭在我们家吃。住宿要分为两处才能住下，一部分人要住到空着的星海国宝家里去，所以要两头忙。我给孩子们也分配了些力所能及的劳动。

9岁的美奈，像个大女人似地帮我往晒衣架上晒浴巾，认真地挂整齐，拉平皱褶。小狗亮亮隔着阳台落地窗的玻璃急得乱转，眼睛直直地盯着看，美奈笑着对我说："二姨，你看亮亮好像也急着要帮忙似地。"

"真的，好可爱的样子。"我说。

我们家的气氛沸腾了。紧靠阳台门的客厅里，美奈、小志养的小老鼠，共七只；阳台内，养了一只苏格兰牧羊犬——亮亮；阳台外，养了一窝兔子，有十只八只的。

今天早上，房前邻居家的大狗，两个保姆都没拉住，冲进兔子窝的围栏里（好在兔子有洞），横冲直撞，直到主人家上中学的女孩出来，才把狗控制住。这狗还真是厉害呢！害得阳阳、小刚从一大早上就开始修复围栏。

今天，小志是所有动物的饲养员。先喂狗，克克等着去遛；又里里外外地忙着挖埋在地里的胡萝卜喂兔子。忙坏了的小志，终于说服美奈，等让来客看完后，节也过完了，把小老鼠退还给宠物店。

克克分到的任务是遛狗，尽管碰到餐桌的脚趾受了伤，但还是欣然接受，叫上小狗，出去遛狗了。

晚上睡前，我才发现克克脚趾甲都紫了，心疼地说：“但愿别褪掉。”

我是这一家子的主厨，真的要加油哦！

看得出，因为我们的“移民家庭”的所有家长第一次齐聚中国过春节，孩子们个个兴奋不已。

2010年3月12日　星期五

同学羡慕的盒饭

吃早餐时，我和小志聊起在校吃午饭的事。

小志说："全班有三分之一的同学跑出去吃零食。以前有很多同学带饭，如今只剩下我一个人了。同学们对我带的饭盒里是中餐、西餐或日餐很好奇，有时会围一帮人来看，满是羡慕。"

阳阳说："我的同学也围着看我带的饭盒，好朋友就更不客气了，有福共享。我有时吃不饱。

有一次，一个同学拿我的水果盒把玩，突然发现一个小橘子，顶部被切掉一片，像梅花似地嵌在其他水果上，很漂亮。这是为什么呢？"

同学们猜想是因为餐盒太扁盖不上，大家都说，"你二姨真是天才。"随后，阳阳向我取证。

我说："是的。也谢谢你的同学们的夸奖。我欢迎他们来家里玩，我会做好吃的给他们吃。"

我从阳阳的脸上看到自豪、满足和幸福。我想：不论你给孩子什么，都不如给孩子创造幸福感和让他们感到被爱、被呵护，使他们从中学会爱更好。

2010年5月22日　星期六

克克的家长会

昨天，我参加克克的期中家长会，那是令人欣慰和感动的家长会。我很高兴看到让人敬重的带病（正发着烧）主持家长会的袁老师，欣赏了一位叫吴瑶的像诗人一般优雅的女孩朗诵的《再别康桥》，收获了克克半学期的成就……听到了老师指出了孩子的不足之处，让我们找到了今后努力的方向。

“这部分学得不错，家长为你高兴。请把这种成功的体验记在心里，你会越来越优秀的。”当老师讲到家长给学生试卷签字的必要性时，这一段文字跃然出现在黑板前的屏幕上。这是我给克克一次考卷上的签字。

袁老师读给家长听，之后说：“孩子看了这样的评卷，能不优秀吗？”

我为我很认真、负责地做好我该做的事感到欣慰，以后一定要做得更好！

这个家长会对我来说，朴实、欣慰、感动。

离开学校，我马上给袁老师发了一条短信：

袁老师好！您带病召开家长会，辛苦了！不过，能看到您我还是很高兴的。请多保重！

袁老师很快回复：谢谢您的理解和问候，我心中很温暖。

晚饭后，我和克克谈起家长会。表扬，那是一定的，分析和解决问题也是必要的。针对克克语文基础不扎实，成绩一直不高，我和他商量帮他请位中文老师补语文。他不同意：“我们家五个学生，没有一个补文化课的。”还说：“二姨，你别费心了。我知道怎么学好语文。我保证，下学期一定会在语文上下功夫。只要每天、每堂课跟住老师进度，把不会的都统统用心学会了就行了。”

我听了很高兴：“你看你说得多明白。都吓我一跳，我以为你不知道怎么学语文呢。”

“我保证，其实我也是下定决心下学期用心学习语文的，但我不肯定自己是否真的能做到而已。”

“说了不做，不单单是没做某件事而已，还会打击自己的自信心。我会帮助和监督你做好。”

停了一会儿，我接着说：“你上有两个上高中的哥哥、姐姐，下有两个上小学的弟弟、妹妹。你是一个让我省心的孩子，也希望你在学习上让我放心。”

“二姨的话，我记在心上了。”他一边说，一边捏着我瘦瘦的肩膀，把我送回隔壁我的房间。

2010年9月20日　星期一

坐在窗台上的孩子

——一个真实的故事

一个小学四年级的男孩，因为没完成作业，放学后老师留他补作业。他从卫生间窗户爬出去，坐在窗台上，然后跳下去……

早上，办公室的同事议论着：昨天，一名小学四年级的男生从学校五楼的窗户跳下去，生死不明……

今早得知那个男孩再也没能睁开眼睛，永远地走了。上班前，我开车来到那所小学，停在校围栏外的路边。坐在车里，久久地望着传闻中那个男孩曾坐过的并从那儿跳下来的窗台，仿佛他重现在窗台上，我想：他坐在窗台上会想到什么?

壮观的教学楼好像什么都不曾发生过似地，静默地伫立在宽阔、干净的绿树环绕的校园里，那么优美地保持着沉默。跟网上的对骂、互相指责和极力诉说无辜的人们相比，更有了几分人情味。

我心事重重地、静悄悄地离开了，仿佛怕惊扰了那个令人痛心的、惋惜的、孤独的小灵魂似地。

回公司的路上，我思绪万千。我想对人们说：逝者已逝，不论你们是当家长的人，还是做老师的人，是不是应该怀念那个坐在窗台上的孩子，反思一下自己的行为职责呢?

作为家长，当孩子思想、行为出现问题时，当孩子困惑迷茫时，你可否陪伴他们，静心听他们诉说原由，给出适合孩子的解决问题的方法呢?在孩子的教育中，家庭教育重于学校教育及社会教育，它贯穿整个教育过程的始终。教孩子去接受学校、社会教育，培养孩子抗挫折的能力。当孩子成长到一定阶段，家长不再是衣食父母，而是当孩子有难时第一个伸出援手的人；当孩子困顿时，第一个为之排忧解难的人；当孩子犯错时，第一个站出来教导并帮助修正的人；当孩子苦恼时，第一个愿意倾听他心里声音的人……家长应该是可以让孩子依靠的安全港，不该是让孩子害怕的人。那样的教育是失败的。

不论你的孩子多么淘气、多么不好好学习，他们得不到赞美和荣耀，他们还要鼓足勇气走进学校，听好学生被赞扬，面对自己被批评、被说教。他们是更需要家长理解、帮助的孩子，请家长平心静气，倾听他们的心声。这才是真正爱孩子。不被认可的孩子比被认可的孩子更需要爱与理解、爱与支持、爱与引导。只有让孩子感受到这些，孩子才会用爱回馈于你。他们才能找回自信，走出困境。

倾听孩子的心声

爸爸、妈妈
成年人的你们在烦恼、困顿时
你们找知己倾诉
当年幼的我们烦恼、困顿时
请做我的知己
请倾听我心里的声音
让我拥有一颗勇敢的心
去面对对小孩来说未知的世界

爸爸、妈妈
当我变得和你们的期待不一样时
请继续帮助我
你们的帮助
是让我长成我自己的样子
这对我非常重要
非常重要
谢谢爸爸、妈妈

爸爸、妈妈
当我变得和你们的期待不一样时
请继续赏识我
你们的赏识

是阳光、甘露般的恩泽
带给我幸福
让我快乐
谢谢爸爸、妈妈

爸爸、妈妈
当我变得和你们的期待不一样时
请继续爱我
你们的爱
是我一生的财富
可以让我带着来
也可以让我带着去的财富
谢谢爸爸、妈妈

作为老师，没有爱心，光有责任心是可以伤人的！成为众矢之的的当事老师，肯定是有责任心的老师，也许没人有异议（不然她下班回家就好了）。但是养有方，教有法啊！当你真心理解学生、爱你的学生时，你才是个真正意义上的好老师。

写给老师的信：

我们并不是常言说的一张白纸，谁想怎么画就怎么画。我们是继承了父母的基因及家族遗传来到这个世上的。我们每一个学生都是不同的个体，您是园丁，我们是小树苗。您喜欢桃子，可我是苹果啊！请用栽培苹果的方法栽培我，让我开出最美的花，结出最大、最红、最甜美的苹果。请别用栽桃子的方法栽培我，我结不出桃子，您也别生气。您的爱是雨露，是阳光，您为师的使命是我赖以生存的大地。

我希望所有的老师都是既有爱心又有使命感的园丁，而不是只有责任心，没有爱心让孩子们害怕的老师。

这是我——坐在窗台上的孩子，用心灵，用生命对老师的请求，别让我的伙伴们也无路可逃！

2010年11月20日 星期六

哪一个地瓜更大？（左起：克克、小志）

乡下，秋天的收获

乡下农家院内外的土地是孩子们的试验田。他们不只是纵情玩耍，也有学习，也有收获。

春天买了一棵拇指粗细的樱桃树苗，栽在院中，一年一年看着它长高长大，三年开出几朵小白花，结几个大红樱桃……六年已长成有他们大腿粗细的大树了。五月中旬，大红樱桃已挂满枝头，是全村最早熟的一棵樱桃树，皮薄，果味酸甜可口。孩子们围着树边摘边吃，那之中还有更特殊的味道。

苹果树，从春天的剪枝疏果，到抓虫、施肥灌水，再到秋收。生长与收获的全过程，他们都经历过，每一个过程都会带给孩子们喜悦。

路边一棵不知名的杂草，会长刺。春天发芽，秋天就能长成五六米长。他们不相信，春天的一棵幼小的、可爱的小苗，只有两片叶，竟能长成可怕的、不知从哪儿下手铲除的杂草。植物真是神奇！

地瓜，春天栽下的小苗，到了秋天，第一垄的秧长到了第五垄第六垄上去了，秧杈繁茂。他们最不可思议的是秧下面藏在土里的地瓜。孩子们常常猜测它到底会有多大，如果超出想象他们会为此欢呼、尖叫。冬天他们可以品尝到烤地瓜、蒸地瓜、拔丝地瓜……又健康，又美味，自产的绿色食品最时髦了。

孩子们在春天时，也会种下一棵西红柿，一株辣椒，一种花卉，然后期待秋天的收获。那是一种很美好的体验和感受，我和孩子们一样喜欢。

秋天的收获（前排左起：阳阳、小志、美奈，后排左起：克克、乡下的邻居、小刚）

2010年12月6日　星期一

如何选择大学

阳阳面临选择大学的问题，成了家里的大事。初步定有两个方向：一是去瑞士学习国际酒店管理；二是去美国，专业不定。

孩子、家长都难以选择。我认为：上哪所大学没那么重要，应优先考虑的是将来想要从事什么职业。用逆向思维的方式，选上哪所大学。那么关于出国留学，我也是走过这条路的人，我的看法：一是有某方面的天分的学生，需要出国深造，那是要无条件地去了；二是家里有经济实力出国上大学。切不可盲目，要符合孩子的发展和志愿。

我和李阳做了一个表，根据李阳的自身条件、择业爱好及家庭经济状况，分别列出去瑞士和去美国的利弊，最后选择利大于弊的一方。

瑞　士		美　国	
利	弊	利	弊
×	×	阳阳向往	×
30万/年	×	×	45万/年
确定学习酒店管理专业	×	×	不定（但考虑学习环境保护学）
学时3年	×	×	学时4年
多学一门法语	×	×	×

分析阳阳自身及家庭的具体情况——

阳阳的情况：女孩适合在高级酒店里工作，她能流利地使用中、英、日三种语言，游历过世界多个国家，家族中有从事酒店行业的经验。从家庭经济方面考虑：学杂费，瑞士三年约100万人民币，美国四年约180万人民币，去瑞士更符合阳阳的家庭收入状况。

经多方考虑及在老师的指导下，阳阳选择了瑞士国际酒店管理学院。

2011年9月18日 星期日

乡下，星光闪烁的夜空

周五一放学，孩子们把书包扔上车，抢上座位，老老实实地等着出发。太郎和琦策放学都不用回家打招呼，就可以跟我们直接去乡下。

一到乡下，孩子们就撒了欢，尽情地玩。

二楼平台上，安上一个直径两米多的跳跳床。晚上，别出心裁的孩子们把帐篷支在跳床上。抓些萤火虫放进去，一直在帐篷里玩。他们用激光笔指点着天上明亮的星星，红、绿激光划乱了宁静的夜空，照得很远，惹得村子里的狗不停地叫。我也会觉得很有趣，所以管理这件事也是睁一只眼，闭一只眼……

半夜，雷雨交加，尽管帐篷是支在跳跳床上，帐篷里的孩子们还是湿漉漉地逃回室内，窜到炕上挤个地方睡下。

天明，合身而睡的孩子，不声不响地又跑出去玩了。

早饭，自家地里产什么就吃什么。一大锅稀粥，一大盆炸薯条，一大盘小拌菜……我端到桌上什么，很快就会被抢光。克克好不容易抢到一碗粥，一步绊在门槛上，饭碗掉到桌子下，粥洒了一地，人也趴在地上了……

周日的下午两三点钟返回市内，两天两夜，孩子们造得跟泥猴似地回到家，虽带着书包，但早把作业忘到脑后了，回家写作业吧！

2011年2月6日 星期日

忘事的克克

克克总是“忘事”，上吉他课，每每面对老师，才似乎想起一周过去，还没练琴。老师指责他，他就虔诚地道歉说“知道了”，但所有的责任又随着“了”字的消失而消失，下次还是如此。

4日晚饭前，他从冰箱里拿出一袋小腊肠，往烤箱里放时，杨阿姨阻止他：“有肉有菜，别吃这种东西了。”他没听，我坐在餐桌前自己的座位上，看在眼里没有言语。克克把腊肠烤上后转身就走出了厨房。

大约过了几分钟，满屋都弥漫着焦煳味儿，杨阿姨才发现是克克烤的东西煳了，要去找克克，我制止她说：

“看他什么时候想起来。”

杨阿姨向卧室喊：“吃饭了。”

餐桌前已聚齐了姥姥、阳阳、美奈、小志和我。克克慢悠悠地晃过来，从阳阳、美奈座椅后挤向自己的座位。

杨阿姨问：“什么味儿？”

克克一边慢悠悠地落座，一边漫不经心地回答：

“煳巴味儿。”

话音未落，他“嗖”地弹蹦起来，利落地绕过我的背后，说：“我的香肠！”箭步冲到烤箱前，一把拉开门，一股浓烟直冲房顶，面前一堆焦炭似的黑乎乎的东西。

在座的人放声大笑，杨阿姨乐弯了腰。

他这才如梦方醒似地说：“你们早都知道了。”

我和颜悦色地说：“这么小的年龄怎么转身就‘忘事’呢？‘忘事’让你的

香肠变成了炭。”

他失望地回到座位上。我想，通过“忘事”，让他知道忘事的后果，也会是对他今后“忘事”的警醒吧！

草地上的克克

2011年10月5日　星期三

小刚的妹妹——幸奈来到中国

4岁的幸奈在学习中文，来中国前一周打电话告诉我说：

"二姨"，中文发音很清楚地叫我。

（日语）"我已经告诉老师（幼儿园的）和小朋友了。我要去中国过黄金周，看哥哥，学习中文。我要在中国呆10天那么多的时间。我很期待，妈妈说：'还得睡六次觉才能去中国呢。'"

幸奈是一个满头天然卷发，表现力极强的，想当演员的，聪明可爱的小女孩。她不会几句中文，却能和比她大几个月的我朋友的儿子玩得很默契。常常听到她说："过来，牛顿"（朋友儿子的小名）或"我看看"，她只能说些简单的两三个字词。牛顿可不管，巴巴巴地说一大串中文，幸奈也又急又快地回一大串日语，两个人她拉他来这儿，他又拽她去那儿，玩得不亦乐乎。分别时还互赠礼物，拥抱告别，期待下次再见。

我每次看到他们在一起玩，我都会想：小孩儿即使语言不通，也能如此快地成为玩伴，真不可思议。幸奈的中文每一天都能学会新的词句，如果她在中国呆上三个月，她就能完全用中文与人沟通，孩子的语言能力成人真的是望尘莫及。我常常希望她有这样的机会，一年在中国呆2~3个月的时间，就像孩子们寒暑假回日本，在生活中学习日语一样。

她边念（日语）边写数字1（yi qi）、2（ni）、3（san）……但是当她用中文读写的时候，却每一个阿拉伯数字都倒着写。

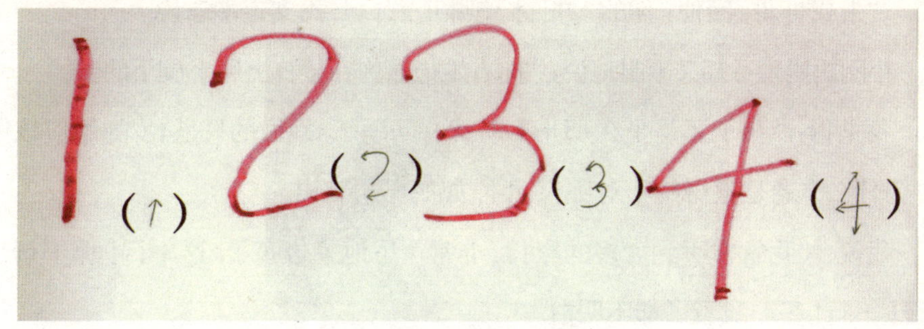

美奈写的数字（括号内为笔顺标示）

我怎么纠正她都不肯接受，理由是："日语和中文读法不一样，写法也不一样。"她把紧握铅笔的右手举得高高的，紧闭双眼，紧咬牙关，小脸扭到左肩膀上，从鼻子里哼出："嗯（én）——"坚决不接受，坚决不改的样子。真不可思议，这是什么理由！孩子太不可思议了。

她也喜欢去乡下。在我爬上梯子给果树剪枝时，她忙活着在树下挖了一个直径30厘米的垂直的小坑，她称之为"井"，并从鱼池里提了几小桶水灌进去，终于灌满了；她高兴得直蹦："成功了！成功了！我的'井'成功了。"然后让我下来，她爬上梯子，爬到一半害怕了就要下来，当她低头看到她的"井"水变少了时，大吃一惊："水怎么少了呢？"边说边急着往下下，刚落地一只脚就掉到自己挖的"井"里了。她边跺边笑边说："灌包了。"在土地里越跺泥越多，泥鞋变成泥脚，泥脚变成泥裤子，她觉得好玩，小刚妈妈却生气了，严厉地叫她的名字，让她从地里出来。

我用中文说："她都不知道怎么了，为什么要那么严厉？"

"你看她的样子，哪儿像个女孩儿。"

"女孩什么样？男孩、女孩都是孩子。你带她出来就是让她玩，就该给她穿适合玩的、宽松的、舒服的衣物，而不是像礼服这样的衣服，既然穿了回家再收拾。再说穿成这样去乡下玩是家长的错，你呵斥她就不对了。

“去找哥哥，问他：你的‘井’水跑哪儿去了。”我支走幸奈说。

小刚妈妈理亏却又不服地说：“你看她拖着你在楼梯上爬上爬下的。”

我觉得：“孩子要是坐在那儿不动就有问题了。她做的只是4岁的她应该做的。为什么你老是觉得她不对呢？”小刚妈妈不再言语。

我说：“我常常听到太多的家长，非常严厉地警告孩子，这不行！那不行！不行！不行！……我看了都不明白。

怎样才行呢？！

这不行，那不行的，会不会让小孩子产生认知错位呢？”小刚妈妈用心听了。

一个大冬瓜结在楼梯上，立起来能到幸奈下巴那么大，表面长满白霜似的又尖又脆的小毛刺，幸奈双手双臂合抱上去，刺到了她的手，她尖声大哭起来。小刚妈妈责怪说：

“不让你到处摸，你就不听。”又急得不知所措。

我一边用胶布粘幸奈手上的刺，一边说：“对不起，幸奈！我忘了告诉你这瓜有刺扎人，这不是你的错。幸奈很勇敢，我上次被扎了，我也想哭呢，不过你别担心，我有好灵的方法帮你把刺弄出来，弄出来就不痛了。”

我和小刚妈妈一人负责一只手，用胶布粘，我说：

“我和妈妈比赛，看我和妈妈谁做的好，哪一只手先不痛。”

最后，幸奈满是泪水的小脸上幸福地看着妈妈说：“妈妈这边的手不痛了。”小刚妈妈惭愧而幸福地笑溢在脸上，荡在眼神里，也沁满心间了吧！

我看着小刚妈妈说：“你看我在乡下栽一棵果树都要学习剪枝疏果等很多知识，并按时浇水施肥呵护，更何况是一个孩子。果树养得好不好，无非收成好不好。孩子养不好，那可不是收不收的问题，那是一个人的一生，或许还会影响上下几代人的活法。现在物质太富足了，吃穿都不是问题，要多呵护孩子的心灵和性情。”

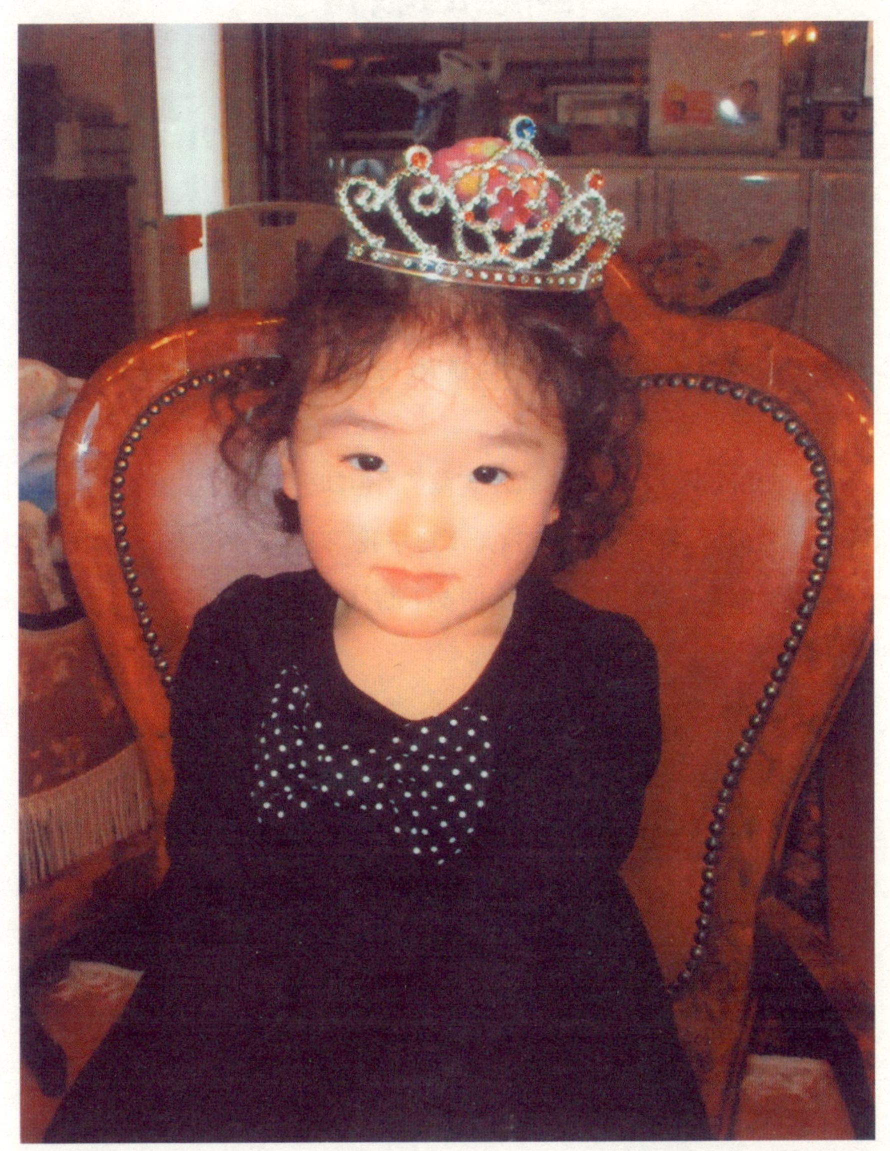

小刚的妹妹幸奈

2011年11月29日　星期二

幽默的教育

小刚从土耳其参加机器人世界杯赛获冠军奖回来，报社记者、校长也去机场迎接。奖杯、奖金、赞誉，使他飘飘然了。

朋友来家分享，我们来到他的卧室，他坐在转椅上没有起身。在我的要求下，他展示照片给我们看。我们像一群朝圣者，歪着头随着他放在双腿上的笔记本电脑转，而他又不屑解说似地勉强应付着，当问他话时，他也不屑回答，我忍无可忍，扫兴地结束了。

我真的生气了。当着朋友的面，直截了当但却平静地说："今天，在朋友面前，你不给我面子，我很生气，你这是不尊重我。记着下次开家长会，我会不梳头、不洗脸，满嘴大蒜味儿，约十个朋友不断打电话给我……我会让你们全班同学和家长都知道，我是小刚的二姨。"

说完，我拉着朋友从他的卧室出来。我正准备沏茶时，小刚跑出来，老老实实地道歉，并笑嘻嘻地给我的朋友作了个揖，把我们都逗得大笑起来。

我和朋友边喝茶边聊着孩子的教育。对于孩子来说，别指望你是他爹、他妈，他就"晒"你，你得让他信服，不然你就自己去晒太阳，因为太阳"晒"你。对家长来说，千万别想当然，要记得学习和孩子斗智斗勇的本事。

2012年7月21日　星期六

生理知识教育

在阳阳十来岁时，身体发育开始有明显的女孩特征，我就开始教她一些生理常识了。

我生理期时，让阳阳知道生理的周期性一月一次；会出现什么状况；生理前期会有什么生理反应；如何使用卫生巾；以及进入生理期说明女孩变成女人了，有生小孩的能力了，可以当妈妈了。所以，一定要学会自我保护和对自己负责。以至于后来的美奈，我为她准备好生理小包，她在书包里装了两年半才用上。

男孩子生理知识教育也不能忽视，我会从男孩子们的相互玩笑中了解到，谁的性器官开始变化，从男孩子的内裤上知道谁有遗精现象了，我会及时提醒：一是要注意卫生；二是要有男人的责任了，可以让女孩子怀孕生小孩，可以当爸爸了。对女孩子、对自己都有非常重要的责任。因为爸爸不在，我不方便像教女孩子们那样教男孩子们，就把书、报、新闻等关于生理知识教育方面的信息给男孩子们，让他们自己学习。

小志最幸运，今天他有幸听到一位著名讲师关于生理方面的讲座。

生理知识教育是家庭教育中必不可少的一课。

2013年7月25日　星期三

克克的演讲

今天是克克和小志青少年心灵成长课的结业式。三天两夜的培训，终于迎来了孩子们向家长汇报收获的家长日。

当克克所在的小组同学上台，组员依次做汇报演讲时，克克静静地坐着听着，在台下的我担心克克不会讲话。当克克从郭藤尹老师（台湾著名作家）手中接过麦克风，稳重地说：

“今天，我在这里要表达我对一个人的感谢。”停了一会儿，他深情地说：“这个人就是我的姑姑。”

此刻太出乎我意料了，随后郭老师说：

“请这位家长站起来，好吗？”

我应声激动地起身离座。

我站在座位前，听到克克平静地、思路清晰地娓娓道来：“我在4岁多的时候，爸爸妈妈让我跟着姑姑来中国上学，那时我真的很害怕，害怕离开爸爸妈妈，害怕离开家，害怕再也得不到父爱母爱和永远地失去家……但是我所有的害怕都是多余的了，姑姑给我的爱取代了这一切。

从2000年8月28日，我从4岁半到今天17岁半一直待在姑姑身边学习、生活。刚上小学时，我学习成绩很差，不太会说汉语，有时还抄袭别人的作业，往往拿回家‘鸭蛋’的卷子……这让姑姑很恼火，但她从没有放弃过我。她每天陪我写作业，复习、预习，我却经常掰橡皮、玩铅笔，就是不肯学习，可姑姑还是坚持陪在我身边，帮助我、教导我、鼓励我。

那时，她每天耐心地教我学汉语，可是我就是不能静下心来认真学，总是溜号。直到有一天半夜，我起来上厕所，看到姑姑卧室里还亮着灯，就轻轻地

刚上小学的克克

来到门边，当时真想大哭一场。姑姑白天为了我们几个孩子忙里忙外，晚上还要拖着疲惫的身体为我批改作业，为了不影响我们休息，只开着台灯。我感到很愧疚，我欠姑姑的太多了，不好好学习反而来气姑姑。想起姑姑连日来每晚为我批改作业，我实在忍不住了，趴在床上嚎啕大哭起来。直到姑姑来到我身边，疼爱地抚摸着我的头……

从此，我开始努力学习汉语，并加强各科的学习，我的成绩越来越好，带回家的试卷分数也愈来愈高。我成了班级的上等生，有了质的飞越！姑姑激动地对我说："这一切都是你用自己的努力换回来的，要继续努力！"我也很高兴。但我想说："这一切的成功，都是你和我共同的努力才换回来的！如果没有你，我不会有这么大的进步！"

世上给我爱的人虽然很多，但我最想对姑姑说："对不起，谢谢你！自从妈妈把我托付给你，你就一直尽自己最大的努力教导我，让我不但取得学习上的进步，还明白了许多做人的道理。

在此，我感谢你这十几年来对我的照顾和对我永不放弃的坚持，谢谢你，姑姑！"

他深鞠一躬后，放下麦克风，走下讲台。我心潮起伏，满含着激动的热泪望着他迎向他，他张开双臂，深情地拥抱我。

岁月啊！让人感念和不舍的是否是这些充满了喜悦和泪水的美好记忆呢。13年前我拽着的只能抓紧我一个食指的小男孩的手……13年后长成身高一米八零，英俊的大小伙子，可以把瘦弱的我拥进他宽阔的胸怀，对我来说那仿佛是天地之间。

应会务组的要求，我给两个孩子写了信，通过会务组交给了克克和小志。

亲爱的克克、小志：

我感谢你们，能来参加这个课程，因为交费时我没有和你们商量，这影响了你们暑假的行程，给你们报名时，我附加了条件，要求实践家帮助做你们的工作，这多余了；我感谢你们，并且我相信你们已经懂得了参与的重要性；我感谢你们，由你们和我组成的“家”，一直以来充满着欢笑和幸福。这是十几年来，我和你们一直努力创造的结果。我认为：房子不论是大是小，是简朴是豪华，要有人，用爱，用理解，用宽容和笑声，把房子变成家人的躲避风雨、歇息身体和心灵的“家”，让我们一生最爱的人拥有这样一个家。为了所有这些，我感谢还在我身边的你们和这个家曾经的所有家庭成员。

我希望你们用心感恩在这里遇到的可敬的恩师，哪怕你们只学到了改变自己的一句话、一个行为；我希望你们用心感谢在这里默默付出的可爱的志愿者们，也希望有一天，你们也像他们一样服务于他人；我希望你们用心感激你们身边可亲的伙伴们，有缘共度三天这样感动心灵的时光，并把他们深藏在心里。

我相信在这一刻，我们所有人都能深刻理解、感受爱。我爱你们，在过去、现在和将来，直到永远。愿这爱永驻心间。我知道你们也爱我，这是我们幸福的缘由。

爱你们、祝福你们的二姨

2013年7月25日

2014年5月18日　星期日

小刚、克克和小志完全不同的小学成绩和几乎相同的中学成绩

一、小学阶段

小刚的小学阶段是90分以上的全A生，跳了一级。

克克的小学阶段要分几个时期：

一、二年级是不及格的C生。才上一年级时，老师在田字格本的第一列写上要写的汉字，克克坐在书桌前，打开本痛不欲生，从前数到后，18个字一个字写一行，从后往前数也是18个字一个字写一行，他不知从前到后，从后到前数多少遍，这18行字多得让他绝望，他边流泪边用指甲抠橡皮，一块橡皮变成小米粒一般的碎末，他仍然数数，18行还是18行，我告诉他“咱们写一行就变成17行了！”但是对他来说太难了，太痛苦了。幸运的是，因为老师当他是外国人，放弃他！真幸运，小学一、二年级他还是很乐意去学校。

三、四年级是及格的B生。二年级下学期，克克随小刚转学，换了学校，老师抓他学习，他混不下去了。我和老师协商尽量对他宽松一点。比如数学作业有十道题，我先帮他选挑出四道有难度的题，告诉克克，“这是要当数学家才做的题，咱们不用做。”再选掉比较难的三道题，“这是要当数学老师才做的，咱们也不做，克克要当侦探，只做这三道题就行了。”他轻松地认真地做三道题。上学后老师在家校足迹本上写道：“克克写作业了，而且三道题不仅做对了，写得也非常工整。”我一定大声读给他听，让他体验成功的感觉。

五、六年级是80分以上的A生。克克从每次只做三道题到做更多，不到一学期，开始正常完成全部作业，到了小学高年级，他已经不再是问题学生了。

考中学时，克克考进一所重点中学，但是在入学面试之后，负责面试他的

校长找我谈过一次话，这位女校长说：“他还不具备开始中学学习的心理成熟度和中学的学习能力。”我决定让克克重读一年小学六年级。

克克是不接受的：“我考上中学了。”

克克的妈妈也不好接受。

但我更了解情况，何况有更专业的人指导我们了，我坚持我认为对的事

玩耍中的克克、小志和小刚

情。克克重读的这一年为他打下了非常好的基础，以至于上初中就任班长。

克克年龄大同班同学一岁，让他在学习能力与人际交往上绰绰有余地完成了初中的学习。

小志小学阶段是三科主科不及格的C生。五次转学，一次留级，放弃英语，打算在初中学日语，这是小志小学的真实情况。

学习跟不上，是由很多因素造成的。学习跟不上，最直白的理解是消化不了正常的学习内容。就像有人消化不了正常量的食物一样，那就少给点，少吃点！但问题是越少吃越“瘦”，家长就越急，越怕亏着，就越补，越加量，麻烦也就越大了，不是“撑死”就是“厌食”，这是必然的结果。跟不上学习是问题，解决问题就要符合自然规律才有效！

二、初中阶段

小刚各科保持在80分以上，也是全A生，业余时间自由支配。

克克80分以上，全A生，任班长。

小志初一还有不及格的，初二下学期也是全A生了。

到了初中阶段，小刚、克克和小志的成绩几乎持平，这说明小学成绩的好坏不决定中学成绩，更不决定未来。只要因材施教，顺势引导，家长别急，别放弃，别让孩子厌学。只要相信“天生我材必有用”，你的孩子就是有用之才。人生也没那么多起跑线，即使有，输掉一个也不决定一生的胜败。人生是个漫长的经历，孩子你慢慢地走，跌倒了再爬起来，那也是一种人生体验。

2014年5月24日　星期六

写给小刚的信

小刚：

你帮我翻译老姨的信后，老姨认为你翻译得非常好，提议让你翻译这本书。她说："不但精准，还有日本人的语气和味道。"我才向你提出，没想到你欣然接受，这给了我很大的鼓舞，感谢你！

我常常听人说：谁是谁的贵人。其实，我现在认为人在活着的过程中，先对自己的生活、工作、为人、处事，忠实、忠诚、尽心尽力，你就先成为了自己的贵人，那么你身边的贵人、贵事才可遇不可求地在你身上发生。但机遇由你自己把握，翻译一本书不是件容易的事，对你一个大学生来说，更是一种挑战。但我希望你做这件事，只有你做了才能有意想不到的收获。

我也相信，只要你想翻译这本书，你就会想办法把日语提高到更高的水平，人与人之间没有太大的差距。你能把一封信很好地翻译出来，你也能把这本书翻译得很好！就像我们开车从大连到哈尔滨，全程上千千米，而且要跑夜路。车灯虽然只能照清前方约一百米的道路，只要我们一百米再一百米的前行，就能到达上千千米的目的地。翻译这本书也是这样，只要你一个故事一个故事地翻译，累积起来就成书了。做事也是这样，太多的人不是没有能力，而是先被事太大，路太远吓到了，所以才领略不到收获和成功的喜悦。

我相信你能行！

二姨

2014年5月24日

2014年5月25日　星期日

感悟家庭教育

三年的学习时光对阳阳来说，虽然有学业压力，但环境如度假般优美。实习在马尔代夫，同时她还拿到了潜水资格证；毕业实习在日本东京的Park hyatt（柏悦）超五星级酒店。实习结束后她再次选择去马尔代夫就业。

她喜欢自己的学习生活，她用自己所学，谋生自立了；同时服务于他人；她也是纳税人，她有能力回报社会了。现在已是对社会有用的人了。我认为，我已帮助她实现了她的愿望，成功地完成了对她的家庭教育。

我深深体会到家庭教育的重要与神圣。每一个孩子都没有带成长说明书出世，我们家长有各种资格证在社会上生存，但都没有教育孩子的资格证就做父母了，而教养孩子又是我们一生中最重要的职责，所以我希望爱自己的孩子、对自己的孩子负责的家长，一定要重视家庭教育的学习与实践。

成功的家庭教育，是家庭幸福的重要因素，也是你和你孩子人生幸福的重要因素，更是对人类社会稳定、进步的重要因素。

A. 关于分数。我认为优秀不是得100分。一个孩子有A的学习能力，别低于80分；有B的学习能力，就别不及格，及格了就是合格的学生。他们不一定要什么都学，什么都会。教孩子们找到使命感，培养孩子们的学习兴趣，引导孩子进入到更多的领域，让他们发现自己的兴趣，也许孩子们就能找到自己的才能所在。

B. 关于成功。成功并不是把孩子送上名牌大学，挣多少钱，有多大名气……而是教孩子能够自立，适应社会，在人生经历中留下美好的回忆和幸福感，帮助孩子成为他们希望成为的人。有的希望成为飞行员，有的希望成为厨师，有的想成为酒店经理人……如果他们成为了，他们就成功了。

C. 关于人才。我认为人才应该具备以下三个能力：体力（健康的体魄）、脑力（很强的学习能力）和心力（有一颗开放的、充满正能量的、强大的内在力量的心）。如果一个人具备以上三种能力，不论他现在处境如何，不论他现在做什么，最终都会成为卓越的人。

D. 关于家庭教育。说难就难，说不难真的就不难。关键在于家长的一个觉悟。家庭教育中，孩子的错，大多是家长的错。很多家长会感到很冤，含辛茹苦地养育孩子，没功劳也有苦劳，怎么还错了！？问题是家庭教育成功了，就是功劳；不成功，苦劳都没有，就是一个错。如果孩子不适应社会，不论是对自己的家庭，对孩子的一生，还是对整个社会都将是问题。

孩子们小的时候，可爱之至，令家长们做着美梦：认为自己的孩子可以成为任何一个领域的"伟人"。但当孩子开始正规的学习，发现孩子一点儿小问题，家长又开始认为自己的孩子什么都不是了。其实问题并没有那么严重，这只是孩子成长的过程。我看过太多的家长开始了中国式教育，延用起我们中国家长祖祖辈辈指点了几百年、几千年的"食指"。更有甚者指着孩子的脑门：

"你怎么这样？"

"你怎么这么笨！"

"你看人家某某……"

家长，当你理直气壮地指指点点不吝言辞说教的时候，你能否设身处地地为你的孩子着想一下，换成你是孩子，你会是何等感受？！请当心你的食指成为家庭教育中的屠刀。

家庭教育难和不难只是一念之间，关键在于家长，而不是孩子。但是，我看到太多的家庭，当教育出现问题时，家长常常会认为：孩子有问题了！于是不惜付出时间、金钱送孩子去培训。能否改变一下，因为家长是家庭教育的主导者，所以家长先去找自身的原因，先去学习，先去改变，也许问题就简单了。这是一种态度。

现在也许你明白了，家庭教育不仅是方法的问题，更重要的是态度。

态度，对孩子就是爱与理解，爱与支持，爱与引导！我的一位家庭教师感同身受，她在给我的一封信中这样写到：你对孩子教育的执着，从第一次接触到现在都很令我感动。以前总觉得学教育的总比没学过的要好得多，但自从认识了你，使我改变了这种想法，更使我认识到“爱”的方法更重要。只有从心底里真正地爱孩子，把他们的成长当成是自己的成长，把他们的烦恼当成是自己的烦恼，那么一切好的方法才能发挥最大的潜能；对家长来说，就是要先拿出改变、担当和学习的态度，和孩子一起分享，一起成长。让孩子感受到家长的爱是前提。

爱是无条件的，但爱是有原则的。“爱”比任何教育理念都重要！

家庭教育是因人而异的，是集各种教育方法和教育者的态度的综合的结果；是围绕着增进家人关系、增强家庭作用的一切教育活动。

E. 关于我。我不在意穿什么样的衣服，住什么样的房子，开什么样的车子，银行里有多少存款……

但我真的非常在意，我曾对一个孩子的成长有过怎样的影响。

2014年5月30日　星期五

我喜欢……

再过三四年，孩子们就都离开了，我会更专心地做自己喜欢的事。

我喜欢开上一辆大车，带上一条大狗，随心所欲地跑在满目美景的路上。

我喜欢坐在火车上，从起点坐到终点，管它十几二十几个小时，睡觉、看书、浏览窗外的风景，像儿时的爱好一样。

我喜欢在地里栽花种果，拔草浇水，把自己融入大自然的感觉。

我喜欢经营宾馆的工作。我觉得对一个女人来说：这是一个优雅、有趣的职业。为有缘入住的每位客人提供宾至如"家"的住宿，提供服务，接待满怀期待入住和满意退房离去的来自全世界的客人，我能体会到直接服务于人、服务于社会的社会责任感和欣慰。我喜欢我的团队，虽然我并没有让每个员工变得富有，但我们共同努力拥有一个稳定的职业和收入，我们以此为生，也以此为荣。

我要努力完成讲师培训，取得讲师资格。把我积累的宝贵经验回馈给社会，在青少年及家庭教育方面做出贡献。

我希望能像丹尼斯·维特利博士①那样，80岁还能从美国飞到中国各地进行演讲，我也努力在80岁时还能健步登上讲台，风趣地、充满智慧地、口齿伶俐地演讲，做个有价值的人。

……

等我更老的时候，我会到乡下养老。有这些美好的回忆陪伴，我能听到你们天使般的笑声，能寻到你们天使般的踪影，我会追忆你们每一个人的故事，一点点，一滴滴，我不会寂寞。我还会把笑痴痴地挂在脸上。也许别人会认为

① 丹尼斯·维特利博士：美国最受尊崇的作家、讲师及人类高成就表现的顾问之一。

我老年痴呆了。管它呢，我享受我的……

我会期待你们带上你们的孩子来，我作为老奶奶，把你们的故事讲给你们的孩子听，把“剁尾巴”的故事编成童话，绝不是一个尴尬的、丢人的故事，或许我还可以写更多的书、更多的故事。

我现在就在过道的两边栽上两棵柿子树。十年后，我可以在两棵树之间挂一个吊床，放上你们的孩子，让这里也成为你们孩子的乐园。

我要做的事还真多。我要让我在离世的最后时刻，感谢努力拼搏的自己，让自己的人生精彩无比。而你们，就是那精彩中最亮丽的色彩！